www.tredition.de

AF196919

Über den Autor

Timon Krause, geboren 1983, arbeitet hauptberuflich als Verkehrs-
flugzeugführer. Neben seinem Engagement im Vorstand des Asyl-
arbeitskreises Heidelberg schreibt er in seiner Freizeit für ein Mu-
sikmagazin, ist Unterstützer eines lokalen Slum-Development-
Projektes in Mumbai und Mitglied bei *Greenpeace* und dem *Forum
Ziviler Friedensdienst*. Er lebt mit seiner Frau und der gemeinsamen
Tochter in Heidelberg.

Timon Krause

BEFREIUNG

Von der Notwendigkeit und den Möglichkeiten einer umfassenden Umkehr

© 2020 Timon Krause
Umschlag, Illustration: Julien Lefèvre, Christine Siegel
Lektorat, Korrektorat: Hendrik Stöber, Thomas Heinze

Verlag & Druck: tredition GmbH, Halenreie 40-44, 22359 Hamburg

ISBN
Paperback   978-3-347-03833-2
Hardcover   978-3-347-03834-9
e-Book   978-3-347-03835-6

Für unsere Tochter
und ihre Generation

Inhalt

„What will you tell your children when they ask you: ,What went wrong?'?"

- ,Dark Days', Parkway Drive

„Pablo: Die Reichen brauchen nicht befreit zu werden, sondern die Armen. Es sollen ja wohl nicht die Ausbeuter befreit werden!
Oscar: Doch, sie sollen von ihrer Ausbeutung befreit werden."

- ,Das Evangelium der Bauern von Solentiname', Ernesto Cardenal

Vorwort

Die Arbeit an „Befreiung" begann im März 2019 und dauerte ziemlich genau ein Jahr. Die Fertigstellung fiel also mit dem Beginn der globalen SARS-CoV-2-Pandemie zusammen. Obwohl diese weltumspannende Krise andere Themen vorübergehend in den Hintergrund treten ließ, hat sich in meinen Augen an der Aktualität der hier beschriebenen Probleme nichts geändert – manche werden durch SARS-CoV-2 vielmehr noch verschärft. Die sogenannte Corona-Krise wird mit Sicherheit Spuren in unseren Gesellschaften hinterlassen, doch die großen Baustellen unserer Gegenwart werden bleiben.

Die ersten Zeilen dieses Buches schrieb ich, während meine Frau und ich auf unser erstes Kind warteten. Für dieses neue und anfangs so schutzlose kleine Leben tragen wir zunächst die vollständige Verantwortung, was für mich zwei Fragen neu aufwirft: Was möchte ich diesem heranwachsenden Menschen vermitteln, an Werten, an Wesentlichem? Und: In welcher Welt soll dieses Kind aufwachsen? Was für eine Welt wollen wir der nächsten Generation hinterlassen?

Diese große Veränderung in unserem Leben empfand ich als zusätzlichen Anstoß, endlich einen Großteil der Gedanken zu Papier zu bringen, die mich in den Jahren zuvor umgetrieben haben: das Bewusstsein über die massive globale Ungerechtigkeit, die unser dominierendes Wirtschaftssystem zu verantworten hat. Die unrühmliche koloniale Tradition der europäischen Welteroberer, die in besagtem Wirtschaftssystem ihre Fortsetzung findet. Der Raubbau an unserem Planeten, der für jede kommende Generation immer noch größere Hypotheken anhäuft. Die starren, dogmatisch getarnten, nach innen gerichteten Sichtweisen von Vertretern der großen Weltreligionen, die häufig nur die Machtinteressen elitärer und patriarchaler Verbünde bedienen. Oder die häufig demoralisierende, bisweilen auch tendenziöse bis manipulative Berichterstattung unserer Medien, die zudem im Verdacht stehen, in manchen Fällen eher als verlängerter Arm finanzstarker Interessensgruppen denn als neutrale Beobachtungsplattform und Informationsquelle für die breite Bevölkerung zu fungieren. Und, allem voran, die uns von vielen Seiten suggerierte Machtlosigkeit und scheinbare Unmöglichkeit, etwas an diesen ungerechten und bevormundenden Zuständen ändern zu können.

Mir geht es nicht um eine weitere umfassende Analyse der globalen Probleme, wie sie bereits in rauen Mengen in den Buchhandlungen liegen. Ich möchte auch keine rein appellhafte und allgemeine Aufforderung liefern, „etwas zu ändern." Die Feststellung, dass es „so nicht weitergeht", beseitigt weder die lakonische Ignoranz unserer Oberschicht noch löst sie die Mutlosigkeit der Betroffenen. Hier soll es zwar zunächst auch darum gehen, *weshalb* wir eine echte Umkehr jedes und jeder Einzelnen brauchen, aber dann auch, *wie* eine solche Umkehr ganz praktisch, pragmatisch und wirkungsvoll aussehen kann. Ich werde also einen Spagat versuchen, zwischen argumentativer Überzeugungsarbeit und positiver, motivierender Ermutigung. Dieses Buch soll ein Wachrüttler, ein Tritt in den Hintern sein für all jene, die in Lethargie und Gleichgültigkeit versunken sind. Es soll eine Mahnung sein an alle, die in vollem Bewusstsein eine Lebensweise verfolgen, die ihrer Umwelt, ihren Mitmenschen und folglich auch sich und ihren Nachkommen langfristig Schaden zufügt. Vor allem aber soll es all jene motivieren und mit Zuversicht füllen, die mit den vorherrschenden Zuständen unzufrieden sind, sich bislang aber als zu klein, zu unbedeutend, *machtlos* vorkamen – denn das sind sie nicht! Erinnern wir uns daran, wie sich der ehemalige Résistance-Kämpfer Stéphane Hessel eine Dekade nach der Jahrtausendwende noch einmal mit seiner Streitschrift „Empört euch!" an die junge Generation wandte, zum Widerstand gegen die vorherrschenden Verhältnisse aufrief und zu einem mutigen, kreativen Veränderungsprozess aufforderte. Seine Worte hallen nach. Die Verantwortung tragen nun wir, die Generationen nach ihm.

Im Vorfeld dieser Arbeit beschäftigte mich immer wieder die Frage, was ein weiteres Buch überhaupt bewirken kann und soll. Ist ein solches, im Prinzip ja rein theoretisches Projekt nicht Verschwendung der eigenen – zeitlichen – Ressourcen? Sollte man nicht besser losziehen, sich ein praktisches Betätigungsfeld suchen, um konkret und handfest etwas zu verändern? Sicherlich erfüllt ein Buch für seinen Autor zunächst den Selbstzweck, die eigenen Gedanken zu bündeln und sie zwischen zwei Deckeln komprimieren zu können. Doch im Vordergrund steht für mich etwas anderes: Sollte ich in dieser kleinen Streitschrift meine Überzeugungen (mit denen ich ja glücklicherweise nicht alleine bin) glaubwürdig und überzeugend vermitteln können, und sollte dadurch vielleicht nur eine Handvoll Menschen zum Handeln ermutigt werden, aufs Neue Hoffnung finden, oder gar ihre bisherige Sichtweise überdenken, dann hat sich die Arbeit der vergangenen Monate bereits gelohnt.

Heidelberg, im März 2020

Teil I – Hinführung

1. Über dieses Buch

„Wenn wir uns der Gerechtigkeit zwischen den Generationen nicht bewusst sind, werden wir als eine der egoistischsten Generationen in die Geschichte eingehen, die es je gab."
- Ramesh Sharma

„Was hast du, was dir nicht gegeben wurde? Und was rühmst du dich dessen, was du hast, als wäre es dir nicht gegeben worden?"
- 1.Korinther 4, 7

Zunächst: Wie komme ich zu einem so hochtrabenden und zugleich abgegriffenen Titel wie „Befreiung"? Wer oder was bedarf denn der Befreiung? Dazu nur einige wenige Worte:

In erster Linie wird in diesem Buch von Befreiung auf gesellschaftspolitischer Ebene die Rede sein. Auf der Hand liegen dürfte, dass viele Menschen außerhalb der Machtzentren und Metropolen dieser Welt in Unfreiheit leben – jener Teil der Weltbevölkerung, der in der Peripherie der großen Weltpolitik, im Schatten der auf knackige Schlagzeilen zielenden Berichterstattung seinen Lebensunterhalt bestreitet. Das Leben dieser Menschen, oder besser gesagt: ihr *Über*leben hängt ab von Machtfaktoren, auf die sie keinerlei Einfluss haben. Auch klimatische Verwerfungen treffen sie härter als die Bürgerinnen und Bürger wohlhabender Industrienationen. Diese Menschen haben Anspruch auf Befreiung aus dem Abhängigkeitskomplex, der ihnen von anderen, nämlich den einflussreicheren Mitgliedern der Weltgemeinschaft über Jahrhunderte hinweg aufgebürdet wurde.

Befreit werden muss im erweiterten Sinne auch unsere natürliche Umwelt, die Pflanzen- und Tierwelt unseres Planeten, die vom kapitalistischen Wachstumsexzess als reiner Rohstoff- und Nahrungslieferant versklavt wurde, und deren Zerstörung letztlich auch das Leben der Sklavenhalter immer stärker beeinträchtigen wird.

Am wenigsten einsichtig ob ihrer Unfreiheit und der daher notwendigen Befreiung dürften die Verantwortlichen und Nutznießer dieser Machtkomplexe sein, also wir, die Bevölkerung der Industrienationen, die faktisch allen Regionen unseres Planeten durch unsere Art zu wirtschaften, zu konsumieren und Einfluss auszuüben einen unbarmherzigen Stempel aufgedrückt haben – bewusst oder unbewusst. Auch *wir* müssen aus diesem System befreit werden: zu unserem Wohle, zum Wohle von Millionen von Menschen, denen wir nie persönlich begegnet sind, deren Leben wir aber durch unsere Lebensweise beeinflussen, und zum Wohle unseres einzigartigen, wunderbaren Planeten, unserer Heimat, für die es auf absehbare Zeit keinen Ersatz geben wird. Wir müssen befreit werden aus dem Hamsterrad des Dauerkonsums, der unsere ökonomischen sowie mentalen Ressourcen in Anspruch nimmt, ohne Widerspruch zu dulden. Gelenkt von Werbeindustrie und eingebunden in ein scheinbar alternativloses politisch-wirtschaftliches System, werden wir uns unsere Unfreiheit nur ungern eingestehen. Befreiung kann also nicht nur gesellschaftspolitisch und ökologisch, sondern gewissermaßen auch auf geistlich-persönlicher Ebene stattfinden. Obwohl es in diesem Buch weniger um philosophisch-geistliche Kategorien geht – wie die Befreiung des menschlichen Potentials aus seiner konsumorientierten Versklavung, oder die geistliche Befreiung des Menschen aus der Unfreiheit eines entartet-entfremdeten Daseins – , zielt die äußere Befreiung von Mensch und Natur letztlich auch auf eine innere, spirituelle Ebene. Das dürfte aber eher Thema eines anderen Buches werden.[1]

Wir sprechen hier also in erster Linie über äußere Formen von Freiheit und Unfreiheit. Wenn es um die Personengruppen geht, die dabei im Mittelpunkt stehen, greife ich der Einfachheit halber oft verallgemeinernd auf übergeordnete Begriffe wie Arme, Marginalisierte, Bürgerinnen des globalen Südens auf der einen Seite und (Einfluss-)Reiche, Bewohner der Industrienationen oder auch *des Westens* bzw. *globalen Nordens* auf der anderen zurück. Dabei ist mir bewusst, dass eine unreflektierte Schwarz-Weiß-Einteilung problematisch ist und dass die Grenze zwischen „gut" und „böse" selten scharf gezogen werden kann. Selbstredend gibt es unendlich viele Schattierungen und Gegenbeispiele, die sich diesen Kategorien entziehen: Es gibt den verantwortungsbewussten Vorstandsvorsitzenden, der sich bemüht, eine an ethischen Maßstäben orientierte Unternehmenspolitik zu betreiben. Es gibt die vielen mitteleuropäischen Angestellten in mehr oder weniger prekärer Lohnsituation, die sich als Verlierer der Globalisierung primär um persönlich-existenzielle Probleme kümmern müssen und deren globaler Einfluss auf den ersten Blick nichtig erscheinen mag, die aber in ihrer großen Zahl durch ihr Konsumverhalten eben doch negativen Einfluss auf die Menschenrechts- und Umweltsituation in den Ländern des globalen Südens ausüben. Es gibt den armen südostasiatischen Kleinbauern, der trotz des Bewusstseins für die Folgen von konventioneller Einmalbewirtschaftung an der Erosion von Boden und Landschaft in der Region seines Heimatlandes mitwirkt. Und so weiter. Eine pauschale Einteilung der Weltgesell-

---

[1] Inspirierende Gedanken in dieser Richtung, die mir gleichzeitig auch bei diesem Buch eine große Hilfe waren, finden sich bei Albert Nolan in „Radikale Freiheit", *Publik Forum Verlag*.

schaft in Verantwortliche und Geschädigte kann einer differenzierten Problemanalyse zwar nicht vollständig gerecht werden, dennoch lässt sich nicht abstreiten, dass globale Probleme Ursachen haben, die zunächst in recht groben Rahmen zusammengefasst werden müssen, um als solche identifiziert und – hoffentlich – gelöst werden zu können. Und auch um aufzuzeigen, wie vielfältig die Möglichkeiten der Einzelnen sind, um die angesprochene Befreiung zu erreichen, komme ich um die eine oder andere etwas allgemeine Kategorisierung nicht umhin. Ich hoffe, der wesentliche Inhalt dieses Buches rechtfertigt ein solches Vorgehen.

Außerdem liegen meiner Argumentation zwei Tatsachen zugrunde, die ich als unbestreitbar ansehe: den negativen Einfluss unserer auf ungebremstem Wachstum basierenden Wirtschaftsweise auf das Ökosystem unseres Planeten sowie den Zusammenhang von konzentriertem Reichtum in den Händen weniger Individuen und Massenarmut in vielen Ländern.

Die Frage, wie groß der Einfluss des Menschen auf den sich bereits vollziehenden Klimawandel ist, führt seit Jahrzehnten zu kontroversen Debatten. Doch an der Tatsache, *dass* unsere Lebensweise einen negativen Einfluss sowohl auf das Weltklima als auch das Ökosystem Erde generell hat, rüttelt mittlerweile kaum noch jemand, der nicht gerade aus geschäftlichen Interessen oder anderen persönlichen Egoismen einen Umbau unseres Wirtschaftssystems ablehnt.[2] Speziell die Frage, wie groß der Einfluss des vom

---

[2] Die gemeinnützige Rechercheplattform *corrective.org* hat im Dezember 2019, unterstützt durch *Frontal21,* inkognito ein Rechercheteam bei einer Veranstaltung eines Netzwerkes von Klimawandelleugnern eingeschleust. Parallel zur in Madrid stattfindenden Klimaschutzkonferenz wurden bei diesem geschlossenen Treffen, das vom US-amerikanischen Thinktank „Heartland Institute" geleitet wurde, Strategien besprochen, wie die öffentliche Meinung gegen Klimaschutzmaßnahmen beeinflusst werden kann. Unterstützt wird das Heartland Institute von reichen Unternehmern wie den Koch-Brüdern, die aus geschäftlichen Gründen eine Abkehr von fossilen Energieträgern ablehnen. Teilnehmende des Tref-

Menschen (direkt wie indirekt) produzierten CO2s auf die Erderwärmung ist, mag noch nicht im letzten Detail geklärt sein, doch niemand kann heute noch leugnen, dass unser gedankenloser Konsum seit der Industrialisierung weltweit die Lebensräume zahlreicher Tierarten zerstört hat und die Artenvielfalt reduziert, dass die Meere in vielen Teilen überfischt und zugemüllt sind (und wir – bittere Ironie – längst unseren eigenen Dreck fressen)[3], dass in städtischen Ballungsgebieten häufig (vermeidbare!) gesundheitsschädliche Luftverhältnisse herrschen, und dass sich das Klima verändert, mit je nach Sichtweise größerem oder kleinerem Einfluss des Menschen (der Grad und das Ausmaß der Veränderung des Weltklimas seit der Industrialisierung im Gegensatz zu den Schwankungen in den verschiedenen früheren Epochen unseres Planeten ist auf alle Fälle nicht zu leugnen).[4] Die allermeisten kritischen, weil langfristig unumkehrbaren Umweltschäden unserer Zeit ha

---

fens waren unter anderem Vertreter eines dubiosen Vereins namens EIKE aus Deutschland, der Klimawandelleugner in der Politik mit Argumenten versorgt, AfD- und UKIP-Mitglieder, aber auch Esoteriker und Ultrareligiöse, sowie eine 19-jährige Youtuberin, die als Aushängeschild der Bewegung aufgebaut werden soll, um sich ein modernes, authentisches Bild zu verleihen.

[3] Hierfür lassen sich zahllose Beispiele aufführen; neben dem Verzehr von mit Antibiotika belastetem Geflügelfleisch, Pestiziden auf Obst und Gemüse oder mit Schwermetallen belastete Fischsorten ist seit einer Studie der Universität Wien aus dem Jahr 2018 auch erwiesen, dass sich bei den Studienteilnehmern quer durch alle sozialen Schichten und über alle Altersgruppen hinweg Mikroplastik im Darm nachweisen lässt.[1]

[4] Die Betrachtung verschiedenster Statistiken über den Zeitraum der letzten 200 Jahre hinweg lässt hier keine Zweifel zu: Besonders seit der großen Beschleunigung, also der sich seit dem Ende des 2. Weltkrieges enorm verstärkenden Industrieproduktion, weltweit zunehmenden Bautätigkeiten und massiv gestiegenen Ausbeutung von Rohstoffvorkommen sowie Fischgründen, nehmen unter anderem folgende Indikatoren überproportional stark zu: der weltweite Wasserverbrauch, atmosphärisches Methan, CO2 und Distickstoffmonoxid, die Stickstoffbelastung der Küstengewässer, der Regenwaldverlust, die Meeresversauerung sowie der Verlust der Biodiversität.[2]

ben ihre Ursache in menschlichem Wirken. Diese Tatsache darf als gegeben vorausgesetzt werden angesichts der seit der Industrialisierung sich immer stärker beschleunigenden negativen Parameter; sie weiterhin in jeder Diskussion verteidigen zu müssen käme mir vor, als diskutierten wir auch heute noch darüber, ob nicht doch die Sonne sich um die Erde dreht. Ja, sie zu leugnen, ist in meinen Augen in höchstem Maße gefährlich und verantwortungslos. Zeit für diese fruchtlosen Debatten bleibt uns nicht mehr. Wer der überwältigenden Mehrheitsmeinung der Wissenschaft dennoch skeptisch gegenüber steht, der dürfte zumindest diesem ironischen Kommentar eines Youtube-Nutzers wenig entgegen zu setzen haben: „Wir könnten jetzt etwas gegen den Klimawandel tun, aber wenn wir dann in 50 Jahren feststellen würden, dass sich alle Wissenschaftler doch vertan haben und es gar keine [menschgemachte] Klimaerwärmung gibt, dann hätten wir völlig ohne Grund dafür gesorgt, dass man selbst in den Städten die Luft wieder atmen kann, dass die Flüsse nicht mehr giftig sind, dass Autos weder Krach machen noch stinken und dass wir nicht mehr abhängig sind von Diktatoren und deren Ölvorkommen. Da würden wir uns schon ärgern."

Ebenso die zweite Tatsache: Das Wirtschaftswachstum der reichen Länder, das Hand in Hand geht mit immer noch zunehmender Ungleichverteilung des Wohlstandes, hat unmittelbar die Ausbeutung und Verarmung von Menschen in weniger entwickelten Ländern zur Folge (auch in den reichen Ländern, gewiss, doch die extreme Armut in vielen Regionen der südlichen Hemisphäre mit der Armut in Deutschland zu vergleichen, wäre doch unverhältnismäßig – wir kommen aber auch auf die wachsende soziale Ungleichheit in den westlichen Ländern noch zu sprechen!).[5] Ja, auch

---

[5] Hervorragende zusammenfassende Artikel hierzu finden sich im *Atlas der Globalisierung – Welt in Bewegung*, unter anderem „Zum Freihandel gezwungen" und „Börsen, Banken, Derivate" von Ulrike Herrmann oder „Geld auf Knopf-

hier lässt sich über Einzelfälle streiten: Hat der Erwerb einer neuen Adidas-Sporthose den gleichen „Impact" wie der Kauf eines No-Name-Produktes bei Primark, durchläuft sie dieselbe ungerechte und womöglich unökologische Wertschöpfungskette? Ist wirklich jedes elektronische Gerät, das ich erwerbe, in irgendeiner chinesischen Fabrik hergestellt worden, unter gesundheitsgefährdenden Arbeitsbedingungen für die Angestellten? Müssen für jedes Elektronikprodukt in Zentralafrika Kinder unter unmenschlichen Bedingungen in einer Kobaltmine schürfen?[3] Wie auch immer solche isolierte Betrachtungen ausfallen mögen: Aus der Makroperspektive gesehen, bereichert sich der globale Norden ohne Rücksicht auf Verluste an den ärmeren Ländern der Welt, wo unwiderlegbar zahllose Menschen an der Produktion unserer Konsumgüter und Lebensmittel schuften. Die dort entstehenden Umweltschäden, die laxen Arbeitsschutzbedingungen, in unmittelbarer Folge sogar die Morde an Arbeitnehmeraktivistinnen und -aktivisten, Umweltschützern und Vertreterinnen indigener Minderheiten, wie sie in vielen südamerikanischen und südostasiatischen Ländern Gang und Gäbe sind: Allzu häufig versuchen internationale Großkonzerne, in Zusammenarbeit mit korrupten lokalen Funktionären ihre Geschäftsfelder auszuweiten, ohne sich um die fatalen Nebenwirkungen ihrer Aktivitäten zu kümmern. Es ist die nüchterne, zweckmäßige Macht des Kapitals. So wurde der faschistische Präsident Brasiliens, Javier Bolsonaro, vor seiner Wahl 2018 von der Deutschen Bank nüchtern als „Wunschkandidat der deutschen Wirtschaft" bezeichnet – weil Bolsonaro oft genug betont hatte, er würde die Schutzauflagen für Regenwaldgebiete sowie für dort

---

druck" von Aaron Sahr.[4] Tiefergehende Beschäftigung mit der sogenannten Dependenztheorie, die besagt, dass Unterentwicklung der Staaten der Peripherie einerseits und die Prosperität der reichen Industrieländer andererseits zwei Seiten ein- und desselben Prozesses sind, bieten deren Vertreter, u.a. André Gunder Frank, Enrique Dussel und Dieter Senghaas.

ansässige Ureinwohnergruppen aufheben, um uneingeschränkten Rohstoffabbau sowie die Expansion der industriellen Landwirtschaft zu ermöglichen.[5] Wer kann nun wirklich sicher sein, dass das Futter seines Rindersteaks nicht von einer brasilianischen Sojaplantage stammt, für die hektarweise Regenwald gerodet und im Anbaugebiet ansässige Ureinwohner vertrieben wurden – vom negativen Impact auf die weltweite CO_2-Bilanz noch ganz abgesehen? Es bringt also auch hier nichts, sich beschwichtigend an Einzelfällen aufzuhalten: Im Gesamten treibt eine unzureichend kontrollierte, rein am Profit orientierte globale Wirtschaftsweise Blüten, die trotz allem gesellschaftlichen Fortschritt Menschenleben fordert und soziales Elend verursacht. Dass die Akkumulation von Reichtum in den Händen Weniger problematisch ist, weil sie deren Macht nur noch weiter verstärkt, womit wiederum die Möglichkeiten, sich jeder gesellschaftlichen Verantwortung zu entziehen, immer größer und verlockender werden – will das irgendjemand ernsthaft bestreiten?

Und ein letztes: Diese relativ pauschale Kritik an unserer Gesellschaft und ihren Mitgliedern mag viele verärgern, doch in meinen Augen muss sie unbedingt stattfinden, ehe es um die Maßnahmen zur Veränderung gehen kann. Ich kann mich selbst in keiner Weise aus dieser Kritik herausnehmen, als Angehöriger einer schrumpfenden, gut verdienenden Mittelschicht, die mit ihrer Konsumweise, ihrer Passivität und vor allem ihrer kritiklosen Beteiligung an den Mechanismen unseres Finanz- und Wirtschaftssystems einen wesentlichen Anteil an den Missständen auf unserem Planeten hat. Noch viel, viel mehr Menschen aus unseren einflussreichen Kreisen (ja, auch wir Normalbürger *haben* Einfluss! Darüber wird noch zu reden sein...) müssen sich und der Öffentlichkeit eingestehen, dass wir aktuell auf der falschen Seite der Geschichte stehen, wir aber mit Mut und Entschlossenheit diese Situation fundamental verändern können. Kein resigniertes Achselzucken, kein Verharren bei wichtigen, aber zunächst kosmetischen Korrekturen wie dem Griff ins Bio-Regal oder einer Spende an eine Wohltätigkeitsorganisation. Da geht mehr, viel mehr! Und wir haben es in der Hand – *das* soll die Message am Ende dieses Buches sein, diese Erkenntnis hoffe ich bei der Leserschaft hervorzurufen, nicht ein schlechtes Gewissen oder neuen Ärger über einen weiteren Nörgler aus der Gutmenschenriege.

Daher soll es im letzten Teil dieses Buches ganz konkret darum gehen, wo wir, die „einfachen" Bürgerinnen und Bürger einer wohlhabenden Exportnation, Möglichkeiten haben, an den problematischen Strukturen unserer Wirtschaft und Politik etwas zu ändern. Das ist mein Hauptanliegen: aufzuzeigen, dass wir als Einzelne deutlich mehr Macht haben, etwas an den bestehenden Verhältnissen zu ändern, als uns suggeriert wird. Ich will Beispiele geben, an denen wir uns orientieren können, und – in Abgrenzung zu den vielen Büchern, Blogs und Artikeln, in denen allein die Probleme analysiert und Appelle an die unerreichbare Entscheidungselite formuliert werden – ganz konkrete Möglichkeiten auflisten, die ohne Umschweife ergriffen werden können.

2. Schlaglichter und blinde Flecken

„Ich würde bis ans Ende der Erde gehen, wenn ich könnte, um immer wieder zu sagen, dass ich in die junge Generation Vertrauen habe."
- Frère Roger Schutz

„Wenn wir nicht unsere volle Verantwortung für die Welt, in der wir leben, anerkennen, haben wir kein Recht, darin zu leben."
- Mahatma Gandhi

Am 25. November 2018 ließ Alexander Gerst, der damalige Kommandant der internationalen Raumstation ISS, eine Videobotschaft ausstrahlen, mit der er sich an seine Enkelkinder und die kommenden Generationen wandte: „Wenn ich so auf den Planeten runterschaue, dann denke ich, dass ich mich bei euch entschuldigen muss. Im Moment sieht es so aus, als ob wir, meine Generation, euch den Planeten nicht gerade im besten Zustand hinterlassen werden. Im Nachhinein sagen natürlich viele Leute, sie hätten davon nichts gewusst. Aber in Wirklichkeit ist es uns Menschen schon klar, dass wir den Planeten mit Kohlendioxyd verpesten, dass wir das Klima zum Kippen bringen, dass wir Wälder roden, dass wir die Meere mit Müll verschmutzen, dass wir die limitierten Ressourcen viel zu schnell verbrauchen und dass wir zum Großteil sinnlose Kriege führen. Und jeder von uns muss sich an die eigene Nase fassen und überlegen, wohin das gerade führt. Ich hoffe sehr für euch, dass wir noch die Kurve kriegen und ein paar Dinge verbessern können. Und ich würde mir wünschen, dass wir nicht bei euch als die Generation in Erinnerung bleiben, die eure Lebensgrundlage egoistisch und rücksichtslos zerstört hat."[1]

Unterlegt mit beeindruckenden Bildern der Erde aus vierhundert Kilometern Höhe, gab Gerst mit einfachen Worten ein klares, ehrliches Statement ab, zu dem sich die führenden Persönlichkeiten aus Wirtschaft und Politik bislang nicht durchringen konnten. Ein Schuldeingeständnis. Aufrichtiges Bedauern ob der kollektiven Unfähigkeit unserer Gesellschaft, den fatalen Entwicklungen der letzten Jahrzehnte entgegenzuwirken und die immer schwerer umkehrbare Zerstörung unseres Lebensraumes zu beenden. Ratloses Bedauern darüber, dass bis zum heutigen Tage erbarmungslose, blutige Konflikte das Leben zahlloser Menschen zur Hölle machen, anstatt dass die Einflussreichen sich gemeinsam den wirklich drängenden Problemen unserer Zeit widmen würden.

Alexander Gersts Statement ist berührend und stimmt nachdenklich, doch neu sind seine Einsichten selbstverständlich nicht. Stammten sie nicht von einer Art wissenschaftlichem Popstar, hätten sie mit Sicherheit nicht dieselbe Aufmerksamkeit erregt. Doch selbst ein spektakulärer Appell aus dem Weltall lässt unseren Politikbetrieb nicht aus der Alltagsroutine aufschrecken, geschweige denn uns vielbeschäftigte Berufstätige in unserem täglichen Umfeld. Schöne Worte zu schönen Bildern, vorübergehende Nachdenklichkeit, und dann geht es weiter wie gehabt.

Wie wäre es denn, Alexander Gersts Botschaft wörtlich zu nehmen? Haben wir uns schon einmal mit der Frage beschäftigt, was wir unseren Kindern und Enkelkindern antworten würden, wenn sie uns fragten: „Was ist schief gegangen damals? Wo ist das Grün der Wälder und Wiesen hin, das auf euren Fotos zu sehen ist? Wo sind die weißen Gletscher der Alpen?" Wie würden wir uns fühlen, wenn die folgende Generation uns eindringlich auf den Zahn fühlte: „Wieso gibt es so viele furchtbare Kriege um Wasser und Lebensraum? Habt ihr nichts gelernt aus den Weltkriegen vor 100

Jahren? Wieso habt ihr Öl und Kohle verheizt, obwohl zu eurer Zeit allen klar war, dass damit der Planet aufgeheizt und viele Gegenden der Erde zerstört und verseucht werden? Seid ihr denn vollkommen übergeschnappt gewesen, zu glauben, Wohlstand, Reichtum, Luxus könnten einfach immer noch weiter gesteigert werden? Seid ihr völlig von Sinnen gewesen, auf ewiges Wirtschaftswachstum zu vertrauen und die dabei auftretenden Probleme einfach zu ignorieren? Wo wart ihr seinerzeit, womit habt ihr euch stattdessen beschäftigt, welche Politikerinnen und Politiker habt ihr gewählt, worin euer Geld investiert? Wer hätte eurer Meinung nach die Probleme angehen sollen? Was habt ihr euch nur dabei gedacht? Ging es euch nur um euren Vorteil, habt ihr nur für den Moment gelebt, nach mir die Sintflut, carpe diem, komme was wolle, sündige kräftig?" Was würden wir antworten? Verärgert abwimmeln? „Ihr macht es euch zu leicht, es ist doch alles viel komplizierter als ihr denkt." Beschämt zu Boden blicken, Ausflüchte stammelnd? Es sei ja leichter gesagt als getan, sich den Herrschenden und Einflussreichen entgegen zu stellen, anders zu leben und wirklich etwas zu verändern, im großen Rahmen. Ideen gab es viele, aber kaum jemand ist vorangegangen und konnte sie durchsetzen. Alle haben doch mitgemacht! Hier und da haben wir uns ja bemüht, daneben mussten wir aber doch den Alltag absolvieren, Geld verdienen, in Urlaub fahren… Sollte es tatsächlich soweit kommen, bleibt uns wohl nichts anderes, als uns wie Alexander Gerst bei ihnen zu entschuldigen und einzugestehen: „Seht ihr, wir haben versagt. Und ihr, ihr müsst nun mit den Folgen leben und das Beste daraus machen."

Doch um Pessimismus und Schwarzmalerei soll es hier nicht gehen.

Drei Monate zuvor, am 20. August 2018, stellte sich eine unscheinbare 15-jährige Schülerin mit einem Plakat vor den schwedischen Reichstag in Stockholm. Auf dem Plakat war zu lesen: „Schulstreik fürs Klima." Bis zum 9. September, den Tag der Parlamentswahlen in Schweden, begab sich Greta Thunberg jeden Tag aufs Neue vor das Abgeordnetenhaus, ganz allein, ohne die Unterstützung ihrer Mitschüler oder Schulleitung, geschweige denn mit irgendeiner mächtigen Organisation im Rücken. Der Kontrast zwischen dem übermächtigen globalen Bedrohungskomplex des Klimawandels und einem einsamen Teenagermädchen hätte größer und entmutigender nicht sein können. Und doch wurde Greta Thunberg zu einem David, der es mit einem schier übermächtigen Goliat aufnehmen konnte. Einem Goliat, gleich einer Hydra, deren Köpfe Profitgier, Egoismus, Hochmut und Gleichgültigkeit heißen. Zunächst berichteten nur einige schwedische Tagesmedien von Gretas stillem Protest, bevor es im Oktober einen ersten internationalen Zündfunken gab, bei einem Treffen von Thunberg mit Vertretern der britischen Bewegung „Extinction Rebellion". Ab November bildeten sich größere Protestgruppen in zahlreichen schwedischen Kommunen. Kurz darauf griff die Bewegung, die sich unter dem Hashtag #fridaysforfuture formiert, auf andere Länder über. Seit Anfang 2019 bestreiken auch in Deutschland regelmäßig Schülerinnen und Schüler freitags den Unterricht, um für ihr Anliegen auf die Straße zu gehen: Die Gesellschaft soll ihre Sorge hören, die Politik soll endlich Maßnahmen ergreifen, um den vom Menschen mit verursachten Klimawandel abzuwehren oder zumindest abzumildern. Bisheriger Höhepunkt der von Thunberg initiierten Bewegung war der weltweite „Klimastreik" am 20. September 2019, an dem sich weltweit, selbst in armen und kriegsgeplagten Ländern wie Afghanistan oder den Philippinen, Millionen Menschen beteiligten und ein beeindruckendes Zeichen gegen die allgemein verbreitete Gleichgültigkeit setzten.

Über die Person Greta Thunberg, über ihre Gesundheit, ihre Herkunft, über ihre Vereinnahmung durch ein aktiennotiertes

Social-Media-Startup, angebliche familiäre Verstrickungen in Geheimgesellschaften wie die Freimaurer und andere vermeintliche Seilschaften wurde seither viel berichtet und diskutiert, ebenso wie über die Frage, ob die Kinder und Jugendlichen nicht besser in ihrer Freizeit demonstrieren gehen sollten, anstatt die Schule zu schwänzen. Die üblichen Abwehrmechanismen des Komplexes aus Medien, Wirtschaft und Politik: das eigentliche Anliegen der nächsten Generation besser unter den Teppich kehren, denn zu viele Interessen finanzieller Art könnten von einer breiten gesellschaftlichen Debatte über Klimaschutz und eine nachhaltige Wirtschaftsweise beeinträchtigt werden. Doch entgegen all der feindseligen und spöttischen Reaktionen haben die Proteste ein wesentliches Ziel erreicht: Ihre Themen sind fester Bestandteil der öffentlichen Debatte geworden. Alle größeren Parteien in Deutschland haben sich im Europawahlkampf 2019 in irgendeiner Form zum Thema Umwelt- und Klimaschutz positioniert. Auf die großspurige Bemerkung des FDP-Vorsitzenden Christian Lindner, die Jugend soll Klimapolitik doch besser „den Profis" überlassen, meldeten sich über 12.000 „Scientists For Future", darunter Tausende Professoren und zwei Nobelpreisträger, um mit ihrem Fachwissen den Schülerprotesten zusätzliches Gewicht zu verleihen. Was nützt es schließlich, bei einer irrsinnig rasanten Fahrt auf einen Abgrund zu einfach nur ein wenig die Geschwindigkeit zu verringern, wie es der Finanz- und Wirtschaftselite offenkundig am liebsten wäre? Die Jugend, weitgehend gefeit gegen lobbyistische Einflussnahme und daher kaum korrumpierbar, hält den trägen, egoistischen Größen aus Wirtschaft, Politik und Medien den Spiegel vor. Kann sie den breiten Protest aufrechterhalten, wenn die Teilnehmerzahlen nachlassen? Wie soll sie reagieren angesichts der Ignoranz und der Politik des Aussitzens in den Machtzirkeln unserer Staatsgebilde?

Ein großer, schwerer Stein ist endlich ins Rollen geraten.

Anfang Mai 2019 verkündete ein Gericht in der südargentinischen Provinzhauptstadt Neuquén in einem von der Weltöffentlichkeit unbemerkten Verfahren sein Urteil: Sechs wegen Hausfriedensbruchs und widerrechtlicher Aneignung angeklagte Angehörige der Mapuche-Minderheit wurden in allen Anklagepunkten freigesprochen. Hintergrund des Rechtsstreits war der Widerstand gegen das Megaprojekt „Vaca Muerte", bei dem mittels Fracking Öl- und Gasvorkommen aus dem Boden des Gemeindegebietes der Angeklagten abgebaut werden sollte. Wegen der unkontrollierbaren Umweltschäden sowie mehrerer tödlicher Unfälle in den Förderstätten ist das Projekt hochumstritten. Doch vor allem sehen sich die Nachkommen der Ureinwohner seit Jahrzehnten wiederkehrenden Anläufen von Staat und Privatwirtschaft ausgesetzt, das Land der Mapuche für umfassende Rohstoffausbeutung in Beschlag zu nehmen. So erwarb die Unternehmerfamilie Vela Ende der 1970er Jahre, unter der letzten argentinischen Militärdiktatur, Land im Territorium der Mapuche-Gemeinde, und versucht seither immer wieder, die Ureinwohner von ihrem angestammten Gebiet zu vertreiben. Das Gebiet der Gemeinde Lof Campo Maribe wurde schließlich 2014 in Absprache zwischen dem staatlichen Ölkonzern YPF und dem US-amerikanischen Energieriesen Chevron für die Förderung von Öl und Gas ausgewählt. Die Zustimmung hierfür gab ausschließlich die Familie Vela, während die dort lebenden Indigenen nicht konsultiert wurden. Das Projekt wurde vorangetrieben, obwohl die argentinische Verfassung und internationale Konventionen den Mapuche das Recht auf ihr Territorium zweifelsfrei zusprechen. Das Gericht in Neuquén schuf nun einen Präzedenzfall, der den Mapuche in einem seit über einhundert Jahren schwelenden Konflikt um Landbesitzrechte in Südargentinien und Chile erstmals ihr Recht auf ihren ureigenen Landbesitz zuspricht.

Dieses von Menschenrechtsorganisationen zu Recht als „historisch" gefeierte Urteil ist bislang allerdings kaum mehr als ein

Tropfen auf dem heißen Stein. Die Urvölker Amerikas sehen sich nach Jahrhunderten kolonialer Unterdrückung auch nach der formalen Unabhängigkeit ihrer Nationen fortlaufender Ausbeutung und Diskriminierung ausgesetzt. Wer sich in diesen Ländern für die Rechte von Indigenen einsetzt, wer sich den rücksichtslosen Interessen von Großkonzernen mit offenem Engagement für Umweltschutz in den Weg stellt, aber auch wer offen für Arbeitnehmerrechte eintritt, muss um sein Leben fürchten. Fast täglich werden in Südamerika Aktivistinnen und Aktivisten für ihren Einsatz umgebracht. Auch kritische Medienschaffende leben südlich des wohlhabenden amerikanischen Nordens gefährlich. Es ist eine Liste des Grauens ohne Anfang und Ende. Die Weltöffentlichkeit bekommt davon nichts mit; für unsere Medien sind diese traurigen Alltagsereignisse, diese Kollateralschäden der Globalisierung scheinbar ohne Relevanz. Hier nur exemplarisch einige Zahlen: Allein in Brasilien gab es 2016 und 2017 (noch *vor* Jair Bolsonaros Präsidentschaft) weit mehr als tausend gewaltsame Angriffe auf Umwelt- und Menschenrechtsaktivisten, bei denen mindestens 375 Menschen zumeist gezielt getötet wurden. Paramilitärische Gruppierungen morden gezielt und möglichst grausam in ländlichen Gegenden Kolumbiens; seit der Unterzeichnung des Friedensabkommens zwischen Regierung und FARC im Jahr 2016 wurden dort bis heute über 700 soziale Aktivisten ermordet – mehr als 200 davon waren Mitglieder des landesweiten gemeinnützigen Bündnisses für Entwicklung und Frieden. Aber auch in Südostasien, beispielsweise auf den Philippinen, leben Sozial- und Umweltaktivisten gefährlich: Das gesellschaftliche Klima hat sich seit der Wahl von Präsident Duterte gegenüber Menschenrechtlern, Journalisten und anderen Vertretern benachteiligter Gruppen massiv verschlechtert. 2017 wurden in dem Inselstaat allein 30 Landrechtsaktivisten umgebracht.

Willkürlich lassen sich aus dieser Liste der aus unserer Sicht Namen- und Gesichtslosen zahllose Fälle herauspicken:

Am 2. März 2016 wird die honduranische Menschenrechtsaktivistin Berta Cáceres Opfer eines Attentats. Am 14. März 2018 werden die brasilianische Stadträtin Marielle Franco und ihr Fahrer in ihrem Auto erschossen; Franco war Mitglied der sozialistischen Partei sowie des Frauenausschusses des Stadtparlamentes in Rio de Janeiro. Am 3. Oktober 2018 wird der Präsident einer Fischergewerkschaft aus Chile ermordet aufgefunden, nachdem er tags zuvor an einer Demonstration anlässlich der Umweltkatastrophe von Quintero-Puchuncavi und der andauernden Passivität der Behörden teilnahm. Anfang November 2018 werden Luis Fajardo und Javier Aldana, Mitglieder der kommunistischen Partei Venezuelas und Aktivisten zur Verteidigung von Bauernrechten, auf dem Heimweg von einer Veranstaltung ihrer Partei erschossen. In den indigenen Gebieten Kolumbiens nimmt die Zahl an Morden an Lehrkräften stark zu, unter anderem wird Javier Fernandez, Lehrer und Mitglied einer Lehrergewerkschaft, am helllichten Tage ermordet. Mitte November 2018 schießen Spezialkräfte der Militärpolizei dem Enkel eines Anführers der chilenischen Mapuche-Gemeinde Temucuicu von hinten in den Kopf. Anfang Dezember desselben Jahres werden die unabhängigen mexikanischen Journalisten Alejandro Márquez und Diego Corona ermordet aufgefunden. Kurz vor Weihnachten wird Gilson Tampone, Präsident des brasilianischen Bauernverbandes und Mitglied der Landlosenbewegung, an seiner Haustüre erschossen. Seit dem Jahreswechsel 2018/19 wurden folgende Politiker der linken mexikanischen Regierungspartei *Morena* Opfer von Attentaten: der frisch vereidigte Bürgermeister Tlaxiacos, Alejandro Aparicio, der Friedensrichter Hernández Gutiérrez und der schwer sehbehinderte Morena-Aktivist Pedro Lucero. In den ersten Tagen des Jahres 2019 wurde in Kolumbien alle 48 Stunden ein Sozialaktivist getötet, so die

Kommunalratsmitglieder Gilberto Valencia, Jesús Perafán, José González und Miguel Gutiérrez sowie die Gewerkschaftsmitglieder Wilmer Miranda und Wilson Pérez, außerdem die Sprecherin des Opferverbandes Santa Marta, Marizta Quiroz. Im März 2019 wird in Costa Rica Sergio Rojas umgebracht, der sich in seiner Gemeinde für die Durchsetzung indigener Rechte einsetzte. Am 2. Mai wird im südmexikanischen Oaxaca Telésforo Enríquez, Grundschullehrer und Betreiber eines lokalen Radiosenders, erschossen – Enríquez war ein Förderer indigener Sprachen und informierte in seiner Sendung über die zapotekische Gemeinde vor Ort (der zapatistische Widerstand kommt in einem späteren Kapitel noch ausführlich zur Sprache).[6]

Diese Liste lässt sich endlos fortsetzen. Sie dokumentiert die massive Bedrohungslage für Vertreter und Unterstützerinnen von Minderheiten und Marginalisierten: In den meisten südamerikanischen Staaten ist der Einsatz für Recht, Gerechtigkeit und Umweltschutz lebensgefährlich. Die über Jahrzehnte gewachsenen Strukturen der Rechtlosigkeit, mafiöse Verbindungen von Politik und Großkapital und die de facto historische Machtlosigkeit der diskriminierten Bevölkerungsgruppen haben dazu geführt, dass die Täter mit Straffreiheit rechnen können, da die Rechtssysteme im Zweifelsfall auf der Seite der Mächtigen stehen. Rechtsaußenregierungen wie aktuell in Chile, Brasilien oder Kolumbien setzen den diskriminierten Arbeitnehmervertretern, Landlosen und Indigenen außerdem beharrlich zu und sagen ihnen als „wirtschaftsfeindlichen Elementen" offen den Kampf an – im Hintergrund verbandelt mit den Interessen übermächtiger, zumeist ausländischer Großkonzerne, die ohne Rücksicht auf Menschenrechte die rohstoffreichen Länder des Südens auszubeuten versuchen.

---

[6] Die genannten Mordfälle wurden von der unabhängigen Nachrichtenplattform www.amerika21.de recherchiert und veröffentlicht.

Doch es regt sich Hoffnung! Nicht nur die Mapuche-Gemeinde in Südargentinien hat erstmals vor Gericht Recht zugesprochen bekommen. Gelegentlich widersetzt sich die Justiz dem verbreiteten politischen Klima und verkündet Urteile, in denen die Verantwortung von Politikern und Großkonzernen hervorgehoben wird und diese zu Strafen und Reparationen verurteilt werden, und welche die Lokalbevölkerungen vor den Folgen rücksichtloser Investments schützen: Seit Mitte April 2019 wird im Fall des Wasserkraftwerkes „Agua Zarca" in Honduras 16 Angeklagten wegen betrügerischer Machenschaften der Prozess gemacht; einer der Angeklagten sitzt bereits wegen Mordvorwürfen im Fall Berta Cáceres in U-Haft. Die Ermittlungen um Dokumentenfälschung bei der Konzessionierung und Genehmigung des Kraftwerksprojektes gehen auf über 30 Anzeigen zurück, die Berta Cacéres zu Lebzeiten als Generalkoordinatorin der Indigenenorganisation Copinh gestellt hatte. Im März gibt ein US-Berufungsgericht der Klage der peruanischen Kleinbäuerin Máxima Axuna und ihrer Familie gegen die Newmont Mining Company statt; der US-Konzern betreibt in Peru das Goldbergwerk Yanacocha, das vor Ort für massive Umweltzerstörung und Gesundheitsschäden der Lokalbevölkerung verantwortlich gemacht wird. Am 4. März entscheidet ein Gericht in Tocoa, Honduras, auf Freispruch für zwölf Umweltaktivistinnen und -aktivisten, die sich seit langem mit zivilem Widerstand gegen den unkontrollierten, zerstörerischen Bergbau in ihrer Region eingesetzt hatten. Im Dezember 2018 verurteilt ein Gericht in Brasilien den Schweizer Konzern Syngenta wegen Mordes und versuchten Mordes an Landlosenaktivisten. Die Richter sahen es als erwiesen an, dass Syngenta als Auftraggeber für einen tödlichen Überfall durch seinen damaligen Sicherheitsdienst verantwortlich war. Im Jahr 2017 sorgt die Klage des peruanischen Landwirtes Saúl Luciano Lliuya gegen den Energieriesen RWE in Deutschland für Aufsehen: Das Oberlandesgericht Hamm stellt klar, dass große

CO2-Emittenten wie RWE grundsätzlich verpflichtet sind, Betroffene von Klimaschäden in anderen Ländern zu unterstützen. Das abschließende Urteil steht noch aus, dennoch sprechen Menschenrechtsorganisationen bereits jetzt von einem entscheidenden Stück Rechtsgeschichte, das in Hamm geschrieben worden sei.

David gegen Goliath, Arm gegen Reich. Die verzweifelte Auflehnung dieser Menschen an der Peripherie der Weltgeschichte erscheint uns weit weg. Mit unserer Realität und unseren gegenwärtigen Problemen scheint sie nichts zu tun zu haben. Oder etwa doch?

Teil II – Bewusstwerdung und Verantwortung

3. Demaskierung

„Moralisch gesehen besteht kein Unterschied, ob eine Person im Krieg getötet wird oder zum Verhungern verurteilt wird durch die Gleichgültigkeit der anderen."
- Willy Brandt

„Freiheit bedeutet Verantwortlichkeit; das ist der Grund, warum sich die meisten Menschen vor ihr fürchten."
- George Bernard Shaw

Es gibt viele Gründe, sich nicht aktiv mit den gesellschaftlichen und politischen Problemen unserer Gegenwart auseinanderzusetzen: Die Umstände im eigenen Leben machen es unmöglich, über den persönlichen Tellerrand hinaus aktiv zu werden. Egal ob Krankheit, unsichere Arbeitsverhältnisse oder die problematische familiäre Situation, es bleiben schlicht keine Kapazitäten, sich anderen, abstrakteren Problemen zu widmen als denen, mit denen man sich unmittelbar konfrontiert sieht. Dies herunterzuspielen wäre anmaßend und schlicht ungerecht. Und es mag weitere Ursachen für den fehlenden Antrieb Einzelner geben, sich mit den mittel- und unmittelbaren Problemfeldern unserer Zeit auseinanderzusetzen: Auf psychologischer Ebene wird gerne mit Verdrängungsmechanismen argumentiert, oder mit der Schwierigkeit, abstrakte Probleme, die über den eigenen Wahrnehmungshorizont hinausgehen – wie beispielsweise den Klimawandel –, als bedrohlich wahrzunehmen, selbst wenn die Nachrichten voll sind mit entsprechenden Katastrophenmeldungen. Nur *eine* Begründung kann in einer Informationsgesellschaft, wie sie sich in den entwickelten Ländern des globalen Nordens etabliert hat, nicht gelten: man habe „von all dem nichts gewusst". In einer Zeit, in der die wirtschaftlichen und ökologischen Zusammenhänge zwar immer komplexer, aber auch immer offensichtlicher werden, können wir Erwachsene, wir Berufstätige nicht ernsthaft behaupten, wir wüssten nichts von den Konsequenzen unserer heutigen Lebensweise. Und selbst wenn nicht alle Zusammenhänge zwischen Wirtschafts- bzw. Konsumweise bei uns und Umweltzerstörung und gewaltsamer Ausbeutung in den abhängigen Ländern offen liegen, so sollten wir doch zumindest in unserem persönlichen Umfeld über die wesentlichen Aspekte einer dem Allgemeinwohl dienenden Lebensweise Bescheid wissen, über die wesentlichen Unterschiede zwischen der Fixierung auf die Erfüllung der eigenen Bedürfnisse und verantwortungsvollem Handeln, das den Bedürfnissen der Mitmenschen einen ähnlich hohen Stellenwert einräumt. Anschließend ist es nur ein kleiner Schritt, aus diesen Erkenntnissen Rückschlüsse zu ziehen, was unser meist kritikloses, unreflektiertes Konsumverhalten und die gesellschaftlichen und ökologischen Verwerfungen in den ärmeren Ländern des Globus betrifft.

Ja, auch alle, denen die entsprechenden Informationen bislang fehlten, die mit Fug und Recht behaupten können, die wechselwirksamen Komplexe von Massenkonsum und Massenarmut oder stetigem Wirtschaftswachstum und fortschreitender Umweltzerstörung seien ihnen nicht geläufig, sie alle dürften im Alltag gelegentlich schon ein diffuses Gefühl verspürt haben, dass „etwas nicht in Ordnung" ist. Das Bewusstsein, dass die Verhältnisse in vielen Bereichen nicht mehr stimmen: der Flug in den Urlaub billiger als die Zugfahrt zum Flughafen. Der Grammpreis für Tiefkühlhackfleisch günstiger als der der meisten regionalen Obst- und Gemüsesorten. T-Shirts sind bei einschlägigen Ketten zum Preis einer Pizza Margerita zu haben. Ein Terroranschlag im Nachbarland dominiert tagelang die Schlagzeilen, während die vor kurzem irgendwo erwähnte Kriegs- und Hungerkatastrophe in einem arabischen Land nirgends mehr genannt wird. Die Läden in den Innenstädten schließen, während die in der Regel skandalös unterbezahlten Paketboten vor der Haustüre mit Bergen von Kartons jonglieren. Ein unbefristetes Arbeitsverhältnis wird zunehmend zur Ausnahme, immer mehr Menschen arbeiten in einem oder mehreren Billigjobs, während zugleich die Kosten für Wohnraum explodieren. Der Eindruck, dass vieles aus den Fugen geraten ist, täuscht nicht. Es fehlt manchen wahrscheinlich nur die logische Schlussfolgerung: Wir alle sind Teil des Problems.

Das erste Ziel, das wir Bürgerinnen und Bürger einer reichen Industrienation uns daher auf die Fahnen schreiben müssen, ist schonungslose Ehrlichkeit. Runter mit den Masken! Weg mit der Heuchelei, mit den aufschiebenden Entschuldigungen, die uns von einem Tag zum nächsten helfen und das Gewissen beruhigen sollen. *Wir* sind es, die mit dem Konsum von Millionen von Produktionsgütern den großen globalen Betrieb am Laufen halten, unter dessen Räder viele Menschen außerhalb unseres Sichtfeldes geraten.[7] *Wir* sind es, die über Jahrzehnte hinweg mit schmutzigen

---

[7] Der Einsturz des Rana-Plaza-Gebäudes, einer Nähfabrik in Dhaka, Bangladesch, der über 1000 Menschenleben forderte, gilt als Paradebeispiel für die ausbeuterischen Verhältnisse, für die westliche Firmen und Konsumenten in der Dritten Welt verantwortlich sind. Seit der Katastrophe im Jahr 2013 wurde allerdings viel verbessert: Gerade in Bangladesch wurden die Arbeitnehmerrechte und Schutzstandards deutlich angehoben, die Gehälter gesteigert, sogar wirksame Umweltschutzstandards erlassen. Nicht übersehen werden darf dabei allerdings, dass neben den weiterhin problematischen Bereichen in den klassischen Produktionsländern der Textilindustrie (Korruption bei der Überwachung der angehobenen

Energieträgern unser wirtschaftliches Wachstum angetrieben und zahlreiche natürliche Lebensräume unwiederbringlich zerstört haben. Wir sind es, die ihr Geld einer Finanzbranche anvertrauen, die in weiten Teilen vor allem der Selbstbereicherung Weniger dient und durch „pragmatische" Investitionen in volkswirtschaftlich sinnlose Unternehmensrestrukturierungen, fossile und nukleare Energieträger, Rüstungsunternehmen oder durch Spekulationen mit Nahrungsmitteln das Leben vieler Menschen zur Hölle macht. *Wir* sind es, die, obwohl die Zusammenhänge zwischen Fleischproduktion und Klimawandel regelmäßig in den Nachrichten nachzulesen sind, einfach nicht auf das günstige Steak aus dem Supermarkt verzichten wollen, wir, die der Abhängigkeit vom Erdöl einfach nicht entkommen können, egal ob es um Plastikverpackungen, Sprit fürs Auto oder den Flug in den nächsten Kurzurlaub geht. Wir sind eingebunden in Strukturen der Ungerechtigkeit und der Umweltzerstörung – doch sind wir ihnen wirklich ausgeliefert, hilflos, ohne Alternativen?

Zur schonungslosen Ehrlichkeit gehört eine Einsicht, die so simpel ist, dass jedes Kind sie versteht: Nichts ist umsonst, und alles hat Konsequenzen. Für die günstige Kleidung bei Primark zahlt in der Wertschöpfungskette irgendjemand drauf, und zwar höchstwahrscheinlich die unter miesen Bedingungen schuftende Näherin in einem Land des globalen Südens – sowie die Natur ihrer Heimat, die mit den chemischen Produktionsausstößen belastet wird, weil die laxen Umweltschutzvorschriften dort eine viel günstigere Produktion ermöglichen als bei uns.[8] Für das günstige Stück

---

Standards, zahlreiche kleinere, mitunter gar nicht kontrollierte Betriebe, ...) selbige nun einfach auf andere Länder (beispielsweise Äthiopien) ausweicht, die noch nicht im Blick der kritischen Weltöffentlichkeit stehen und wo Arbeitnehmervertretungen schwach ausgeprägt sind.[1]

[8] Viele exklusive Modelabels lassen übrigens unter ebenso unmenschlichen Arbeitsbedingungen produzieren wie die Billiganbieter, von denen manche den

Schweinefleisch zahlt das bei vollem Bewusstsein kastrierte und in elender Massenhaltung vegetierende Tier sowie die mit überschüssigem Tierdünger durchtränkten Felder unseres Landes (und aufgrund des so belasteten Grundwassers wir selbst), für das billige Rindersteak das Weltklima (und damit auch wir), wenn für die Massenproduktion der für den CO_2-Abbau unersetzliche Regenwald Südamerikas gerodet wird und die riesigen Herden die Atmosphäre mit Methan verseuchen. Für eine maximale Rendite unserer Kapitalanlage zahlen wir selbst die Zeche: wenn wir unser Geld ohne kritische Prüfung einem Großinvestor anvertrauen, der in dem Aktienunternehmen, dem wir unsere Arbeitskraft verkaufen, die Bedingungen für uns Arbeitnehmer verschlechtert um mehr Profit abschöpfen zu können, oder der unser Geld in große Immobiliengesellschaften investiert, die aus der Wohneinheit, in der wir leben, noch den letzten Cent herausquetschen will, durch Mietsteigerungen und Investitionsstopp. Und wenn unsere Altersvorsorge auf Fonds fußt, die ein breit gestreutes Portfolio nutzen, haben wir selbst finanziell Anteil an Firmen, die Waffen produzieren und diese auch in Bürgerkriegsländer wie den Jemen liefern, wo abertausende Kinder hungern und getötet und verstümmelt werden. Ja, es kann einem zunächst schwindelig werden, die Konsequenzen zu bedenken, die jede unserer Konsumentscheidungen mit sich bringt. Aber es ist unumgänglich, die Masken der Ahnungslosigkeit und Gleichgültigkeit abzulegen und sich den teilweise harten Realitäten zu stellen, die mit unserer komfortablen Lebensweise einhergehen. Manch einer mag sich beklagen, für diese Zusammenhänge ja nichts zu können, sich das Leben in unserer heutigen, so komplex verflochtenen Gesellschaft nicht ausgesucht zu haben. Was bleibt da anderes als zu antworten: Verglichen mit

---

Premium-Marken in Sachen Ethik- und Nachhaltigkeitsstandards mittlerweile sogar einige Schritte voraus sind.

der Lage, in die ein Großteil der Weltbevölkerung hineingeboren wird, also all jener, die in den ärmeren Ländern des globalen Südens unter den negativen Auswirkungen des alles umfassenden kapitalistischen Systems leiden müssen, ist diese unsere Bürde ja doch vergleichsweise gering.

Was folgen muss, ist klar: wachsende Bewusstheit und wachsendes Verantwortungsbewusstsein. Niemandem ist mit moralischer Selbstgeißelung gedient, ebenso wenig wie mit unreflektiertem Reaktionismus (verantwortungsbewusst zu konsumieren ist effektvoller als radikale Entsagung, doch dazu später mehr). Wir sollten uns ja nicht nur der zunächst deprimierenden Einsicht öffnen, dass viele unserer Handlungen im täglichen Leben einen negativen Effekt auf die Natur und das Leben anderer haben. Wir sollten uns auch bewusst werden, welche Macht letztlich jeder von uns Angehörigen einer reichen Konsumgesellschaft besitzt. Dieser Einfluss geht weit über den engen Rahmen unseres Familienkreises hinaus: Wir sind politisch und wirtschaftlich gefragt, sonst würden die großen Unternehmen nicht solch einen immensen Aufwand betreiben, uns durch Werbung in ihrem Sinne zu Entscheidungen zu bewegen; sonst würde die Politik nicht immer wieder so dreist versuchen, Entscheidungen von großer Tragweite für die Allgemeinheit in Hinterzimmern zu besprechen und zu beschließen, um der Wählerschaft keine Angriffsfläche zu bieten.[9] Im Gegensatz zu

---

[9] Die Kritik an den verschiedenen Freihandelsabkommen, welche die EU mit unterschiedlichen Nationen bzw. Wirtschaftsräumen seit Jahren vorantreibt, ist zuletzt wieder in den Hintergrund getreten – an Aktualität hat sie allerdings nichts verloren: Supranationale Schiedsgerichte, die gigantische Klagen gegen Staaten zwecks „Investitionsschutz" von Unternehmen ermöglichen, Aushöhlung von Gesundheits- und Arbeitnehmerstandards, geheim verhandelt oder mit diplomatischen Winkelzügen an der Nationalparlamenten vorbei auf den Weg gebracht. Zudem werden die Eckwerte oftmals stark einseitig diktiert; gerade afrikanische Nationen können den von den Europäern geforderten Bedingungen wenig entgegensetzen. Freihandel im eigentlichen Sinne des Wortes sähe anders

offen autoritär geführten Ländern haben wir *noch* genügend Freiheiten und Einfluss, um Unternehmen und Parteien zu Handlungen im Sinne des Allgemeinwohls anzutreiben, zu einer Handlungsweise, die nicht nur kurzfristigen Profit als Ziel hat, sondern unsere einzigartige Natur erhält und möglichst vielen Menschen ein würdiges, freies, friedliches Leben ermöglicht.

Wir müssen uns offen eingestehen, dass eben dieses menschenwürdige Leben bei weitem nicht allen Erdbewohnerinnen und Bewohnern möglich ist, dass wir in Teilen die Verantwortung für diesen Missstand tragen, aber zugleich auch die Macht haben, etwas daran zu ändern. Und wen das Schicksal weit entfernter Völker nicht interessiert, der sollte so ehrlich mit sich selbst sein zuzugeben, dass unsere kapitalistische Wirtschaftsweise auch bei uns zu Verwerfungen führt, die den gesellschaftlichen Frieden in unseren Ländern gefährden, durch Zunahme prekärer Arbeitsverhältnisse, durch stetig zunehmende Kinder- und Altersarmut und durch den wachsenden Zustrom von Kriegs- und Elendsflüchtlingen. Die Staaten Südeuropas, allen voran Griechenland, können ein bitteres Lied von den Auswirkungen der starr auf Haushaltsdisziplin getrimmten EU-Politik singen – Sozialleistungen, Renten, Gesundheitswesen, öffentliche Infrastruktur, überall wurde die durchschnittliche Bevölkerung geschröpft, um dem Diktat der Troika nachzukommen, während die großen Kapitaleigner ungeschoren davon kamen.[10]

---

aus. Am Ende zahlen die Steuerzahler in den Industrienationen und die Arbeiter in den „Juniorpartner-Ländern" die Zeche.[2]

[10] Erwiesenermaßen hat die von Deutschland angeführte Sparpolitik die Wirtschaftskrise im Süden Europas verschärft. Leidtragend ist vor allem die einfache Bevölkerung in Ländern wie Griechenland: Die Zahl der Langzeitarbeitslosen ist auf über 70% gestiegen, bei etwa 25% Gesamtarbeitslosigkeit; in der Zeit seit Ausbruch der Krise sind die Renten bereits 13 (!) mal gekürzt worden; die öffentlichen Ausgaben im Gesundheitssektor zwischen 2009 und 2016 wurden hal-

Wir müssen uns so schnell es nur geht an den Gedanken gewöhnen, dass dauerhaftes Wachstum und stetig zunehmender Reichtum nicht nur nicht möglich, sondern größtenteils widernatürlich und gefährlich sind, allen Hoffnungen auf anstehende technologische Quantensprünge und allen wohlklingenden Konzepten eines „Green New Deals" zum Trotz. Wir müssen selbstkritisch sein und alte Gewohnheiten in Frage stellen.[11] Wie gesagt: Nichts ist umsonst – irgendwer muss am Ende die Zeche zahlen.

Um die Demaskierung aber auch konstruktiv und ermutigend anzutreiben, möchte ich die Behauptung, alles habe seinen Preis, noch einmal anders formulieren: Alles zählt! Auch wenn uns unser Einfluss global gesehen verschwindend vorkommen mag: er ist es nicht, und jede unserer Handlungen hat Konsequenzen, negative wie auch positive! Dazu ein unverfängliches Beispiel: Man stelle sich vor, einem langjährigen Kettenraucher gelingt es, von seiner Sucht loszukommen. Mit den Schachteln, die er im ersten Jahr nach seiner letzten Zigarette gespart hat, könnte er ein ganzes Zimmer seiner Wohnung tapezieren, mit dem Geld einen neuen Laptop oder ein neues Fahrrad kaufen. Tausende Zigarettenkippen weniger belasten das Grundwasser und verschandeln das Stadtbild.

---

biert, 54 der 137 Krankenhäuser geschlossen. Saniert wurden stattdessen die Banken – auf Kosten der Staatshaushalte.[3]

[11] Wenn beispielsweise ein deutscher Verkehrsminister behauptet, ein Tempolimit auf deutschen Autobahnen sei „gegen jede Vernunft", dann disqualifiziert sich dieser Minister mit seiner Aussage als Erfüllungsgehilfe eines Industriezweiges, der die Politik im Sinne seiner Profite zu beeinflussen sucht – insbesondere dann, wenn die Kosten für diese Profite die Allgemeinheit zu zahlen hat. Denn noch bevor geklärt ist, ob ein Tempolimit signifikant der Reduktion von Abgasen und der Verringerung von Unfallzahlen dient oder nicht, erfordert es doch gerade die Vernunft, sich entsprechende Fragen zu stellen, und gegebenenfalls die eigenen egoistischen Bedürfnisse zum Wohle der Allgemeinheit zurückzustellen, sofern die genannten Effekte tatsächlich eintreten sollten – wozu im Falle des Tempolimits wirklich keine wissenschaftlichen Studien nötig sein sollten.

Tausende von Euro weniger fließen in ein Unternehmen, das mit der Sucht und Krankheit von Millionen von Menschen seinen Profit macht und die Gesundheitsbudgets weltweit belastet. Tausende von Euro, angesichts des Milliardenumsatzes der Tabakindustrie ein Witz, oder? Aber unser Nichtraucher wird womöglich anderen Rauchern zum Vorbild; der Sieg über seine Sucht findet im Bekanntenkreis Nachahmer, womöglich hält er eines Tages Seminare für Menschen, die sich das Rauchen ebenfalls abgewöhnen wollen – und wird er nicht seinen eigenen Kindern ein gutes Vorbild sein? Außerdem bleiben die unsichtbaren Folgen seines Verzichtes wie bei jeder präventiven Maßnahme zwar verborgen, ohne jedoch weniger wertvoll zu sein: Die Schäden seiner Umwelt durchs Passivrauchen und die Möglichkeit, als Raucher selbst an Krebs zu erkranken, sinken. Je weniger Menschen mit einer Kippe in der Raucherecke stehen, desto unattraktiver wird diese Situation für alle noch verbliebenen Raucherinnen und Raucher. Kurz gesagt: Jede positive Veränderung geht über den veränderten Umstand selbst hinaus, zieht Kreise, schlägt Wellen, und summiert sich im Laufe der Zeit zu einem immer gewichtigeren Baustein in einem großen Mosaik auf. Und vor allem kann sie Signalwirkung haben. Um tiefgreifende Veränderungen zu erreichen, braucht es nach dem Sozialpsychologen Prof. Harald Welzer drei bis fünf Prozent einer Gesellschaft, die vorangehen und die erforderliche Vorbildfunktion einnehmen.[4] Drei bis fünf Prozent: In dieser Rechnung erhalten die Auswirkungen unserer individuellen Handlungen sofort eine andere Gewichtung.

Die Grenzen zwischen Privatem und Allgemeinheit sind fließend. Die erste Familie in einer europäischen Kleinstadt, die begann, Solarzellen auf ihrem Hausdach zu installieren, regte vermutlich den einen oder anderen Nachbarn an, es ihr gleichzutun. Mit einem Mal sparte das Stadtviertel monatlich mehrere Tonnen CO_2 ein und machte sich ein Stück weit frei von den börsennotierten Energieriesen, die es mit Umweltpolitik erst dann genauer nehmen, wenn ihnen politisch die Pistole auf die Brust gesetzt wird. Der Verzicht Einzelner auf exzessiven Fleischkonsum oder der Erwerb fleischloser Alternativen regt andere Mitmenschen womöglich zum Nachdenken an. Und spätestens, wenn sich Menschen in Initiativen und Organisationen zusammentun, um etwas fürs Allgemeinwohl zu tun, vervielfacht sich die Macht der Einzelnen. Es mag oft unsexy erscheinen, sich für Umweltschutz oder soziale Gerechtigkeit zu engagieren, aber niemand kann behaupten, dass die Auswirkungen dieses Engagements nicht wünschenswert seien – oder vermisst etwa irgendwer FCKW, das für die Zerstörung der schützenden Ozonschicht in unserer Atmosphäre verantwortlich war, und das ohne den hartnäckigen Einsatz von Umweltschutzorganisationen womöglich heute noch im Einsatz wäre? Oder missgönnen wir den zahlreichen Angestellten in Billiglohnverhältnissen in unserem Land die Einführung eines Mindesteinkommens? Es behaupte niemand, Einzelne könnten nichts bewirken. Alles zählt! Jede Entscheidung, auch jeder zaghafte Versuch, kann Auswirkungen haben, womöglich Konsequenzen nach sich ziehen, die nur auf den ersten Blick nicht offensichtlich sind. Viele Einzelne haben schon ihre Vereine, ihre Kirchengemeinden, ja manchmal sogar ihre Firma verändert, weil sie die Leitenden überzeugen konnten, mit etwas Aufwand große Verbesserungen für die Allgemeinheit erreichen zu können. Und als Konsumenten müssen wir uns zunächst nur der verwirrenden Vielfalt an Alternativen zu den marktbeherrschenden Unternehmen stellen. Das ist vielleicht unbequem, aber es ist mit Sicherheit nicht unmöglich.

Fakt ist natürlich, dies geht nur auf Kosten unserer Zeit. Was im Umkehrschluss heißt: Ja, in erster Linie aus Zeitgründen bestellen wir alles bei jenem großen Onlinelieferanten, der leider auch für Lohndumping und die skandalöse Praxis, neuwertige Retourware teilweise aus Kostengründen zu vernichten, bekannt ist. Nähmen sich nur genug Menschen die Zeit für die entsprechende Recherche nach Alternativen, oder vielleicht auch einfach für den Einkauf im nächstgelegenen Fachgeschäft, wäre besagter Großhändler vielleicht bald nicht mehr der Monopolist, zu dem wir ihn gemacht haben. Aber dies nur am Rande.

Alles zählt, auch der eine oder andere Euro mehr, den wir bereit sind, in Produkte zu investieren, über deren Hintergründe wir Bescheid wissen: Möbelstücke aus zertifiziertem Holz, Kleidungsstücke aus kontrollierter Fertigung, Finanzprodukte, die ethisch vertretbar angelegt werden, Lebensmittel aus der Region, in der wir leben. Wer oder was hindert uns noch daran, eine konsequente, umfassende Umkehr in Angriff zu nehmen?

4. Standortbestimmung

„Alles hat entweder einen Preis, oder eine Würde."
- Immanuel Kant

„Unsere Zivilisation wird geopfert, damit eine kleine Zahl von Menschen weiter die Möglichkeit hat, viel Geld zu verdienen."
- Greta Thunberg

Pauschale Kritik an unserer Gesellschaft ist selbstverständlich eine bequeme Sache, vor allem, weil sie an der Situation, in der wir uns befinden, zunächst nichts ändert. Kritik wurde schon oft genug geäußert, auch die Analyse der Problemfelder vielfach und ausgiebig betrieben. Ich möchte an dieser Stelle daher nur eine grobe Standortbestimmung vornehmen, um festzustellen, wo wir nach dem Ablegen unserer mitunter heuchlerischen Maskierung letztlich ansetzen müssen. Ich betone nochmals, dass die reine Feststellung der Problemfelder nichts ändert – *dass* und vor allem *wie* wir etwas ändern können und müssen, soll wie gesagt am Ende dieses Buches thematisiert werden.

Bildlich gesprochen sitzen wir, die Weltbevölkerung im Globalisierungszeitalter, alle in einem Boot, wie die Passagiere jenes englischen Luxusliners, der vor gut einhundert Jahren auf Jungfernfahrt ging. Parallelen zur *Titanic*-Katastrophe lassen sich viele zeichnen: Die gut situierte Oberschicht hat Zugang zu allen Privilegien, unter anderem auch den kürzesten Weg zu den zahlenmäßig unzureichenden Rettungsbooten. Das Schiff fährt bei mondloser Nacht volle Kraft in ein Eisfeld hinein, zahlreiche Warnungen von anderen Schiffen ignorierend, obwohl die Crew erfahren und gut ausgebildet ist und kaum Zweifel daran bestehen können, dass sie sich der Gefahr bewusst ist, der sie die Insassen damit aussetzt. Was das *Titanic*-Szenario von der aktuellen Lage der Weltbevölkerung allerdings unterscheidet: Die Menschheit ist schon seit einer ganzen Weile in stürmischen Gewässern unterwegs, wohlwissend, dass sich die Lage verschlimmern wird, sollte der aktuelle Kurs beibehalten werden. Die Menschen in der dritten Klasse schuften unter Deck für den Wohlstand der Oberschicht, die sich zudem in großen Teilen an den knappen Vorräten der armen Passagiere bedient. Immer wieder kommt es zu tödlichen Gewaltausbrüchen, vor allem jedoch (und in den oberen Decks daher fast immer unbemerkt) innerhalb der dritten Klasse. Nur äußerst selten kämpft sich ein Verzweiflungstäter nach oben durch und macht mit einem sinnlosen Überfall auf die exklusive Reisegesellschaft darauf aufmerksam, dass *da unten* Menschen ums Überleben kämpfen. Dass zahlreiche Menschen der unteren Decks versuchen, ihrem Elend irgendwie zu entkommen, versteht sich von selbst, doch die meisten bewegen sich nur ziellos von einer Elendsabteilung in die andere; die Zahl jener, die es *nach oben* schafft, ist verschwindend gering.

Bei genauer Betrachtung ist aber auch die Gesellschaft der oberen Decks keine in sich homogene Gruppe: Während die Erste-Klasse-Passagiere sowohl den Kurs des Schiffes als auch die Zuteilung von Arbeit und Verpflegung bestimmen, merken immer mehr Gäste der zweiten Klasse, dass ihre Privilegien immer stärker beschnitten werden, dass sie zunehmend auf Komfort verzichten müssen, während die erste Klasse permanent aufpoliert und immer großzügiger ausgestattet wird. Sie hören auch immer lauter die Gäste der dritten Klasse an die Absperrungen klopfen, nehmen wahr, wie das Schiff in immer unruhigeres Fahrwasser gerät, wissen aber nicht, wie sie an dieser bedrohlichen Situation etwas ändern könnten. Eine Meuterei? Sie haben doch die Offiziere des

Schiffes selbst gewählt. Aber auf wessen Befehle hört die Crew eigentlich? Und wie mit den zahlreichen Elendspassagieren da unten umgehen? Die Türen öffnen? Zumindest jene hereinlassen, die es nach oben schaffen? Gibt es denn hier oben überhaupt genug Platz für alle? Kann man sie nicht einfach fairer bezahlen, ihre Arbeitsbedingungen und Unterbringung verbessern? Woher soll das Geld dafür kommen? Sind es nicht ohnehin die korrupten Schurken, die dort unten das Sagen haben und für das Elend verantwortlich sind? Und haben nicht vor allem die da oben in der ersten Klasse so viel Macht, hätten nicht sie es in der Hand, etwas zu ändern? Auch in der zweiten Klasse gärt es. Immer mehr Menschen haben den Eindruck, selbst vor dem Abstieg in die unteren Etagen zu stehen, weil die Kosten für ihre bisherige Behausung allmählich ihr Budget sprengen. Zimmernachbarn werden sich zunehmend misstrauisch, die Unnahbarkeit der Kommandocrew sorgt für Verärgerung, die Oberschicht vom Luxusdeck lebt unsichtbar in ihrer Parallelwelt, fern der Sorgen der unteren Klassen. Also: Wie soll es weitergehen? Sich dem Schicksal überlassen und hoffen, es möge schon alles nicht so schlimm kommen? Ignorieren, dass man das Schiff selbst ein Stück weit in diese Lage gebracht hat, mit der Wahl der Crew, dem sorglosen Konsum der begrenzten Vorräte, und irgendwie ja auch der Billigung der Ausbeutung der unsichtbaren Schicht in den Unterdecks, die in den Maschinenräumen und Kombüsen die Drecksarbeit verrichtet?

Ein plakatives, vielleicht überzeichnetes und verallgemeinerndes Beispiel, zugegeben. Aber entspricht es deswegen weniger den Tatsachen?

Jede Bewohnerin, jeder Bewohner dieser Erde hat eigene Baustellen und Probleme, um die es sich zu kümmern gilt. Das ändert aber nichts daran, dass es in vielen Fällen weiter reichende, globale Krisen gibt, die sich stetig verschlimmern, solange wir in den reichen Ländern nur mit den Achseln zucken, die Augen vor der Realität verschließen und vielleicht einfach hoffen, irgendwer würde die Dinge schon rechtzeitig in Angriff nehmen. Über Jahrtausende hinweg mussten sich die untergeordneten Mitglieder einer Gesellschaft nicht um die Auswirkungen ihrer ökonomischen Handlungen kümmern. Wer nicht die politischen Entscheidungen fällte, konnte nichts daran ändern, dass Kriege geführt wurden oder der naheliegende Wald für Heizung und Bauarbeiten abgeholzt wurde. Vor allem waren die Auswirkungen in der Regel ausschließlich lokal, ein über die eigene Region hinausgehender Impact selten vorhanden. Dass die Menschheit heutzutage wirtschaftlich so stark vernetzt ist und Konsumgüter oftmals weit entfernt vom Verkaufsort unter bedenklichen Bedingungen produziert werden, das haben wir Verbraucher uns nicht ausgesucht – wir haben es aber auch bislang kritiklos hingenommen. Und die meisten Katastrophen und Elendsviertel sind so weit weg – das geht uns doch nichts an, das haben doch nicht wir zu verantworten. Wirklich nicht? Weit weg, ja, und die Verantwortung, na, da bin ich als Einzelner vielleicht eher indirekt oder zumindest in sehr kleinem Maße involviert. Dennoch ist eine solche Sichtweise angesichts der globalen Verflechtungen schlicht und ergreifend falsch. Wir können es drehen und wenden, wie wir wollen: Es führt kein Weg an einer Umkehr jedes und jeder Einzelnen vorbei. Wir alle sind Teil des Problems und gleichzeitig Teil der Lösung. An dieser Stelle möchte ich die wichtigsten gegenwärtigen Problemfelder grob umreißen – wohlwissend, dass allein die Feststellung, *was* schiefläuft, nichts ändert, so lange keine konkreten Lösungswege aufgezeigt werden.

Lassen wir philosophische und psychologische Analysen zunächst außen vor und schauen uns das Wirken der menschlichen Gesellschaften als Ganzes an, so werden wir folgende Tatsachen anerkennen müssen: Das in seinem Ursprung europäische **Wirtschaftssystem**, das sich zur Kolonialzeit im imperialistischen Merkantilismus ausgebreitet und seit der Industrialisierung in Form des globalen Kapitalismus durchgesetzt hat, ist verantwortlich für die meisten sozialen und kriegerischen Konflikte sowie der drängendsten Umweltprobleme. Dies stellte nicht nur die CDU vor langer Zeit in ihrem *Ahlener Programm*[12] fest – ein ganzes Heer an Experten, Wirtschaftswissenschaftlern und ehemaligen Politikern sieht dies genauso.[13] Wieso sich dieses System über die Jahrhunderte durchgesetzt hat, ließe sich vielleicht mit der Analyse des menschlich-egoistischen Strebens nach Macht und Gewinn erklären, psychologisch betrachtet wahrscheinlich auch mit der Erforschung menschlicher Angst- und Verdrängungsmechanismen, aber an dieser Stelle wollen wir keine tiefergehende Ursachenforschung betreiben, sondern diesen Zustand als gegeben hinnehmen. Es ist Tatsache, dass Menschen aller Klassen in allen Epochen der

---

[12] „Das kapitalistische Wirtschaftssystem ist den staatlichen und sozialen Lebensinteressen des deutschen Volkes nicht gerecht geworden. Inhalt und Ziel dieser sozialen und wirtschaftlichen Neuordnung kann nicht mehr das kapitalistische Gewinn- und Machtstreben, sondern nur das Wohlergehen unseres Volkes sein." – aus dem Ahlener Programm von 1947. Wieso die Vertreter der Union in den folgenden Jahrzehnten sich an diesen Leitsatz nicht erinnern konnten und stattdessen fast alles getan haben, um dem Kapitalismus neoliberaler Prägung den Weg zu ebnen, sei dahingestellt.

[13] Es sei an dieser Stelle aufgrund der Flut an Analysen und Studien zum Zusammenhang zwischen ungebremster kapitalistischer Wirtschaftsweise und Umweltzerstörung, militärischer Konflikte und der zunehmenden gesellschaftlichen Degradierung eines Großteils der Beschäftigten einer Industrienation nur exemplarisch auf einige Exemplare hilfreicher Literatur zu diesem Themenkomplex hingewiesen: Dani Rodrik - „Das Globalisierungsparadox", Colin Crouch - „Postdemokratie", die bereits erwähnten *Atlanten der Globalisierung* („Weniger wird mehr", „Welt in Bewegung") sowie das Werk Jean Zieglers, des ehemaligen UN-Sonderberichterstatters für das Recht auf Nahrung („Der Hass auf den Westen", „Die neuen Herrscher der Welt", „Das Imperium der Schande").

Menschheitsgeschichte immer schon nach Macht und Einfluss strebten, bzw. Angst hatten, ihre Macht und ihren Einfluss zu verlieren. In den Hochkulturen des Abendlandes hat sich dabei eine Wirtschaftsweise herauskristallisiert, in der das Vermehren von persönlichem Besitz und Reichtum als „gut", als moralisch vertretbar angesehen wird.[14] Besitz per se wird in unserer abendländischen Kultur als „natürlich" hingenommen, obwohl es in der Natur dafür kein Pendant gibt. Kritik daran zu äußern wird heutzutage geradezu als Blasphemie betrachtet. Die historisch gewachsene Legitimation von Besitz und der Anhäufung von Reichtum hatte zur Folge, dass letztlich alles, was dem Menschen in irgendeiner Form greifbar erschien, von jenen, die über die entsprechende Macht verfügten, in Anspruch genommen wurde. Die Sklaverei war die erschreckendste und menschenverachtendste Ausprägung dieser Denkweise. Der Profit des Einzelnen stand in dieser Sichtweise weit über jeglichem Streben nach gesellschaftlichem Allgemeinwohl. Die Bereicherung auf Kosten anderer scheint also seit je her mit der kapitalistischen Wirtschaftsweise einherzugehen.

Aber nehmen wir diesen Status quo zunächst möglichst wertungsfrei als gegeben hin und akzeptieren, dass sich der Kapitalismus nach dem Zusammenbruch der Sowjetunion global als offenbar erfolgreichstes Wirtschaftssystem durchgesetzt hat. Viele Gesellschaften und Nationen sind der absoluten Armut entwachsen, technologischer und medizinischer Fortschritt haben zu mehr Komfort und höherer Lebenserwartung in diesen Ländern geführt, Hunger und Säuglingssterblichkeit sind vielerorts beinahe zu Fremdwörtern geworden, früher vom Bildungssystem ausgeschlossene Bevölkerungsschichten partizipieren in zunehmendem

---

[14] Hochinteressant in diesem Zusammenhang sind die Gedanken des Philosophen und Ökonomen Tomáš Sedláček in seinem Bestseller „Die Ökonomie von Gut und Böse", auf den wir im folgenden Kapitel noch kurz zu sprechen kommen.

Maße an persönlicher und beruflicher Ausbildung. Das große „Aber" kann nicht ausbleiben: Erwiesenermaßen setzt der Luxus einiger die Armut vieler voraus, während der gedankenlose Umgang mit natürlichen Ressourcen unseren Planeten auf Dauer ruinieren wird. Daher nochmal einen Schritt zurück: Die Akkumulation von Besitz wird im Kapitalismus als gegeben vorausgesetzt, auch wenn das bedeutet, dass die Mächtigeren anderen Besitzenden etwas wegnehmen, bzw. natürliche Ressourcen und die Arbeitskraft der niedrigeren Schichten zur Maximierung des persönlichen Nutzens ausbeuten.[15] Solange die Besitzenden, ergo: die Mächtigen mit ihrer Macht (auf welche Weise sie an diese Macht gelangt sind, sei bei unseren Betrachtungen ebenfalls dahingestellt) *verantwortungsbewusst* umgehen, also die Bedürfnisse der Weniger-Besitzenden berücksichtigen, könnte sich womöglich eine funktionierende gesellschaftliche Balance einstellen.

Doch Fakt ist: Eine solche Balance existiert nicht. Wer viel besitzt, ist peinlich darauf bedacht, von diesem Besitz nichts abzugeben, oder ist womöglich schon dem suchtähnlichen Verhalten verfallen, diesen Besitz sinnloserweise noch weiter anzuhäufen. Das reichste Prozent der Weltbevölkerung sitzt aktuell auf 44% der weltweiten Vermögenswerte, während über die Hälfte der Menschheit knappe zwei Prozent besitzt.[1] In der verselbständigten, seit den 80er Jahren völlig entfesselten und politisch deregulierten Finanzwirtschaft wird mit allen Tricks und Mitteln daran gearbeitet, Profite noch weiter in die Höhe wachsen zu lassen – und die verantwortlichen Akteure sind sich vollständig bewusst,

---

[15] Einer der vielen, heutzutage wieder so aktuellen Anknüpfungspunkte für die „Kritik der politischen Ökonomie" von Karl Marx, der genau diese stetig zunehmende Akkumulation von Kapital kritisierte, die sich auf die Ausbeutung der Arbeitskraft der Arbeiterschaft stützt. Die Kosten, respektive die negativen Folgen dieses Akkumulationsprozesses werden auf die Arbeiterschaft, die Gesellschaft sowie die Umwelt ausgelagert.

dass für diese abstrakt erscheinenden, virtuellen Gewinne unsichtbare Menschen in Unternehmen, Fabriken, Plantagen die Zeche zu zahlen haben. Große Unternehmen betreiben Raubbau an Natur und Menschen in den Ländern der südlichen Hemisphäre, weil die dortigen Umwelt- und Arbeitnehmerschutzstandards laxer sind als in unseren Ländern bzw. nicht im selben Maße kontrolliert werden wie bei uns. Die Politik, die zu Zeiten der Kolonialisierung praktisch mit dem Großkapital gemeinsame Sache machte, wird in unseren demokratischen Systemen entgegen der demokratischen Grundprinzipien durchsetzt von Einflussnehmern, Einflüsterern, Lobbyisten, die ungeniert ihre Interessen durchsetzen können, und mit dem Abbau von Arbeitsplätzen oder persönlichen Privilegien für die Politikerinnen und Politiker (die natürlich nicht zufälligerweise nach ihrer Zeit als Parlamentarier oftmals Beratungsposten in der freien Wirtschaft erhalten)[16] stets gewichtigere Argumente in der Hand halten als das Allgemeinwohl und die Interessen der Wählerschaft. Das Selbstverständnis, mit der ein solches Wirtschaften aus reinem Eigeninteresse erfolgt und das jegliche Verantwortung der Gesellschaft gegenüber ablehnt, hat der berühmt-

---

[16] Ein Wechsel zwischen Politik und freier Wirtschaft ist selbstverständlich nicht per se verwerflich. Problematisch wird es, wenn ein solcher Wechsel unmittelbar nach dem Ausscheiden aus dem politischen Amt erfolgt und das betreffende Unternehmen direkt vom Insiderwissen des ehemaligen Politikers profitiert und sich somit der Verdacht aufdrängt, sein politische Handeln sei im Interesse des künftigen Arbeitgebers erfolgt, wie unter anderem in den Fällen von Roland Koch (CDU; bis 2010 hessischer Ministerpräsident, ab 2011 Vorstandschef von Bilfinger, heute u.a. Aufsichtsratschef der Bank UBS Europe), Daniel Bahr (FDP; bis 2014 Gesundheitsminister, unmittelbar danach Einstieg ins Management der Allianz Private Krankenversicherung), Dirk Niebel (FDP; bis 2013 Bundesminister für wirtschaftliche Zusammenarbeit, ab 2015 Berater und Lobbyist für das Rüstungsunternehmen Rheinmetall), oder Matthias Berninger (B90/Grüne; bis 2005 Staatssekretär im Ministerium für Verbraucherschutz, Ernährung und Landwirtschaft, danach Leiter für Gesundheits- und Ernährungsfragen beim Nahrungsmittelkonzern Mars).[2]

berüchtigte Wirtschaftswissenschaftler Milton Friedman treffend auf den Punkt gebracht: „The social responsibility of business is to increase its profits." Profitmaximierung als einziges Ziel; von Verantwortungsübernahme kann in diesem Zusammenhang überhaupt nicht mehr gesprochen werden.

Über die Verwerfungen und Ungerechtigkeiten des kapitalistischen Wirtschaftssystems sind schon zahlreiche Bücher geschrieben worden. Ich möchte an dieser Stelle nur noch schlussfolgern: Das Streben der Menschen nach Wohlstand und Besitz muss zunächst als gegeben hingenommen werden, ebenso die Tatsache, dass das kapitalistische Wirtschaftssystem aktuell so dominant ist und unsere Gesellschaften so tiefgehend prägt, dass eine radikale Alternative zur Zeit nicht vorstellbar ist – eine solche ist in der diktatorisch-kommunistischen Planwirtschaft im letzten Jahrhundert auch spektakulär gescheitert. Wollen wir die wachsende globale Ungerechtigkeit und den drohenden gesellschaftlichen Unfrieden auch in unseren Ländern sowie die unwiederbringliche Zerstörung unserer Biosphäre aufhalten, führt jedoch kein Weg daran vorbei: Unser Wirtschaftssystem muss reformiert und unter funktionierende Kontrolle gestellt werden; der Fetisch des grenzenlosen Wachstums hat ausgedient, muss abgelöst werden durch vernünftigere, bedächtigere, verantwortungsbewusst ausgerichtete Wirtschaftsmodelle.[17] Auch wenn es für eine solche Transformation kein historisches Gegenstück gibt, ist sie unabdingbar und muss schnellstmöglich in Angriff genommen werden, allen Drohgebärden und Schreckgespinsten wirtschaftlicher Interessensvertreter

---

[17] Mit dem Problem, das die aktuellen Krisen befeuernde Wirtschaftssystem abzulösen bzw. zu transformieren in ein alternatives, nachhaltig-verantwortungsvolleres Wirtschaftsmodell werde ich mich in diesem Buch nicht befassen und verweise an dieser Stelle u.a. auf die Arbeiten Wolfgang Kesslers („Zukunft statt Zocken"; „Die Kunst, den Kapitalismus zu verändern") und auf Bernie Sanders' große Programmschrift „Unsere Revolution".

zum Trotz. Ja, ökonomische Verwerfungen sind möglich, ja, es kann zu wirtschaftlichen Rückschritten bei uns, den reichen Vertretern der Weltgemeinschaft kommen, aber im Sinne des Allgemeinwohls und zur Vermeidung eines schleichenden ökologischen Kollapses müssen wir diese Herausforderungen akzeptieren und konstruktiv behandeln.

Seit die Industrialisierung den westlichen Gesellschaften technischen Fortschritt und Wohlstand brachte, zugleich aber auch organisierte ausbeuterische Arbeitsverhältnisse etablierte und den ungezügelten Raubbau an der Natur beschleunigte, erhebt sich Kritik an der kapitalistischen Wirtschaftsweise. Profitmaximierung als einziges Ziel und die Ablehnung sozialer Verantwortung seitens der Kapitaleigner riefen immer wieder Empörung hervor. Als Gegenpol etablierten sich auf Arbeitnehmerseite Gewerkschaften, denen allerdings in den 1980er Jahren die Regierungen Reagan und Thatcher in den wichtigsten Industrienationen die Zähne zogen, ebenso wie Ende der 90er die nur dem Namen nach sozialdemokratischen Regierungen Blair und Schröder. Die Entscheidungsträger der Politik wurden über die Jahrzehnte hinweg gerade in demokratischen Staaten regelmäßig zu Entscheidungen im Sinne der Wirtschafts- und Finanzelite gedrängt. Sie alle tragen folglich Verantwortung für die gesellschaftlichen und ökologischen Krisen auf unserem Planeten.

Begleitend zu den krisenhaften Entwicklungen haben kritische Sozial- und Wirtschaftswissenschaftler, Philosophen und Theologen immer wieder formuliert, welche Ziele sich die Menschheit auf die Fahnen schreiben muss, um das Ruder herumzureißen, dadurch das Überleben unserer Spezies und unseres Planeten zu sichern und durch eine gerechtere Verteilung des Reichtums langfristig Frieden und Wohlstand in *allen* Gesellschaften zu gewährleisten. Herunterbrechen lassen sich diese Ziele auf einen einfachen

Dreiklang, der alle bestehenden Problemfelder der Menschheit umfasst. Wir, allen voran wir Menschen in den (einfluss-)reichen Nationen dieser Welt, müssen als oberste Ziele ansehen und persönlich, politisch und wirtschaftlich streben nach:

Frieden – sozialer Gerechtigkeit – Bewahrung bzw. Rettung der Umwelt.

In diesen Dreiklang ist alles eingeschlossen, was als übergeordnete Handlungsrichtlinie in allen gesellschaftlichen Bereichen positive Veränderungen hervorbringen wird. **Frieden** bedeutet dabei, so muss mit den Worten des ehemaligen UNO-Generalsekretärs Kofi Annan unbedingt betont werden, „viel mehr als die Abwesenheit von Krieg." Er muss „wirtschaftliche Entwicklung, soziale Gerechtigkeit, Umweltschutz, Demokratisierung, Abrüstung, Anerkennung der Menschenrechte und der Herrschaft des Rechts umfassen".[3] Soziale Gerechtigkeit und Umweltschutz sind also Teil des Konzeptes eines friedlichen Lebens. Für eine Verbesserung der aktuellen globalen Verhältnisse macht diese Dreiteilung dennoch Sinn, denn ausgehend von der Situation, in der sich die Bevölkerung einer Nation befindet, müssen diese drei Ziele zunächst gegebenenfalls getrennt voneinander verfolgt werden: Die vollständige Befriedung eines kriegerischen Konfliktes hat in Ländern wie Syrien oder dem Jemen selbstverständlich absolute Priorität, damit zunächst das sinnlose Sterben der Zivilbevölkerung und die aus den lange gärenden Konflikten hervorgehende Verrohung im gesellschaftlichen Miteinander ein Ende haben. Umweltschutz ist verglichen damit ein Luxusproblem, dem sich Nationen widmen können bzw. müssen, deren Kapazitäten nicht mehr in militärischen Auseinandersetzungen gebunden sind und deren Bevölkerung nicht ums nackte Überleben kämpfen muss.[18] **Soziale Gerech-**

---

[18] Allerdings besteht durchaus ein Zusammenhang zwischen fortschreitenden Umweltproblemen mit daraus folgender Ressourcenknappheit und kriegerischen Konflikten: Beispielsweise gingen den brutalen Kriegen in Syrien und dem suda-

tigkeit wiederum ist notwendig, um langfristig den Frieden innerhalb einer Gesellschaft zu gewährleisten. Keine Nation dieser Welt hält die Spannung dauerhaft aus, die eine massive Ungleichverteilung von Reichtum und die Ungleichbehandlung der verschiedenen Bevölkerungsschichten mit sich bringt (man spricht aufgrund der extremen gesellschaftlichen Verwerfungen im größten Land Südamerikas ja exemplarisch von der „Brasilianisierung der Verhältnisse", wenn die Schere zwischen Arm und Reich in einer Nation immer weiter auseinandergeht und sich die Oberschicht sprichwörtlich abschottet, während sich die Unterschicht in stetig wachsenden Ghettos wiederfindet). Und im eigenen Interesse wie auch aus altruistischer Motivation heraus muss jede Nation, die ihre ärgsten inneren Konflikte befrieden konnte, auf friedlichen, gerechten Umgang mit der nahen und fernen Nachbarschaft hinarbeiten, auf Wirtschaftsbeziehungen auf Augenhöhe, auf verantwortungsbewussten Umgang mit Ressourcen und Arbeitskräften. Wie eingangs gesagt: Alles hängt zusammen. Die Armut der indigenen Landbevölkerung Südamerikas und der wirtschaftlich abgehängten Nationen südlich der Sahara ist die unmittelbare Folge unserer Wirtschaftsweise, bedingt sogar unseren Reichtum und unseren Lebensstil (zu den historischen Zusammenhängen später noch mehr).

Das eben Beschriebene ist sicherlich als übergreifender Rahmen, sowohl bei der Problemanalyse als auch der Suche nach Lösungen, zu betrachten. Dem zunächst untergeordnet sind in meinen Augen noch folgende spezifische Problemfelder, die jeweils ebenfalls großes Konfliktpotential aufweisen, in Teilen gar als unabhängige Ursache für essenzielle gesellschaftliche Probleme anzusehen sind:

---

nesischen Darfur jahrelange katastrophale Dürreperioden und andere extreme Wetterereignisse voraus, die der zunehmenden Erderwärmung geschuldet waren.[4]

Wenn wir es ernst meinen mit der Abkehr von einem ausbeuterischen Wirtschaftssystem und der Gleichberechtigung aller Menschen, bedürfen unsere westlich demokratischen Länder und insbesondere die Europäische Union einer **politischen Reform**. Sicher, die parlamentarische Demokratie hat fast allen Nationen, in denen sie etabliert wurde, Wohlstand, Frieden und Sicherheit gebracht. Sie stellt, bei allen vorhandenen Mängeln, aus aktueller Sicht den Höhepunkt der jahrhundertelangen Entwicklung politischer Machtverteilung dar. Doch je älter eine Demokratie wird, desto stärker zeigen sich Risse in ihrer Fassade. Untrennbar mit der Wahlfreiheit der Bevölkerung wurden in westlichen Ländern auch die Freiheit des Marktes und die Freiheit der Arbeit angesehen, woraus sich im 20. Jahrhundert der Neoliberalismus als mächtigste und zugleich unbarmherzigste Ausprägung des kapitalistischen Wirtschaftssystems herauskristallisierte. Auf subtile Weise haben Wirtschaftsbosse und Finanzverwalter die Kontrollfunktion der jeweiligen Staaten, in denen sie beheimatet waren, immer weiter abbauen können: Kontrollfunktionen, die ihre Macht beschränkten und der Allgemeinheit Standards zusicherten wie Arbeitnehmerschutz, Anlagesicherheit, Gesundheit- und Umweltschutz. Gleichzeitig verschwammen die Grenzen zwischen Wirtschaft und Politik immer stärker: Unternehmensfunktionäre dürfen mittlerweile in Hinterzimmern an Gesetzestexten mitarbeiten und diskret ihre Geschäftsinteressen einfließen lassen. Ministerien beschäftigen Unternehmensberater, die vor allem auf Wirtschaftlichkeit zielende Controlling-Funktionen wahrnehmen. Politiker wechseln aus Posten in der freien Wirtschaft und politischem Amt hin und her, die Großunternehmen und -banken sind vernetzt in Interessenvertretungen, die beharrlich Lobbyarbeit zu ihren Gunsten betreiben. Die Zielrichtung ist offensichtlich: Soziale Standards werden als verzichtbar angesehen und abgebaut, während die Firmen selbst durch Steuererleichterungen ihren Gewinn steigern können. Frappierend offensichtlich auch die aktuelle deutsche Rechtsprechung in Sachen Gemeinnützigkeit: Die globalisierungskritische Organisation *Attac*, die mit öffentlichkeitswirksamen Aktionen und Unterschriftensammlungen gegen die drastischen Folgen von Privatisierungen oder geheim ausgehandelten Freihandelsabkommen ankämpft, ist nicht mehr gemeinnützig – der „Förderverein Initiative Neue Soziale Marktwirtschaft" oder der ADAC hingegen schon![19] Auch wenn es polemisch klingt: Die Steuerzahlenden sind es letztens, die für profitgetriebene Konzernrestrukturierungen und Privatisierung von öffentlichen Dienstleistungen die Zeche zahlen. Nichts ist umsonst, Geld ist in der Regel durchaus vorhanden, es landet nur verstärkt in den Taschen jener kleinen, einflussreichen Elite, die politische Entscheidungen und Geldströme in ihrem Sinne zu beeinflussen vermag.

Politische Prozesse müssen transparenter und die offenen Grenzen zwischen Wirtschaft und Berufspolitikern geschlossen werden. Eine längere Karenzzeit zwischen Ausscheiden aus dem Staatsdienst und Eintritt in eine Position in der freien Wirtschaft sollte selbstverständlich sein. Darüber hinaus ist eine engere Beteiligung der Bürgerschaft am politischen Prozess notwendig. Ob dies allein durch das Mittel des Bürgerentscheides erreicht werden kann, ist fraglich. Wichtiger wäre das Einbeziehen von Bürgergremien in Diskussionen und Entscheidungsfindungen der staatlichen Gesetzgebung. Die Möglichkeit einer Erweiterung der parlamentari-

---

[19] Ein raffinierter Winkelzug von wirtschaftsnahen Politikern: Vereinen, die „zu politisch" agieren, die Gemeinnützigkeit aberkennen zu lassen – weil *Attac* oder auch die „Deutsche Umwelthilfe" (die sich bislang noch wehren kann) zu erfolgreich zu stark die Interessen großer deutscher Konzerne gefährden. Dass die Ziele dieser Organisationen, in diesem Fall politische Aufklärung sowie der Gesundheitsschutz der deutschen Bevölkerung zweifellos gemeinnützig sind, interessiert beispielsweise Armin Laschet (CDU, Ministerpräsident NRW) herzlich wenig.

schen Demokratie um Räte, bestehend aus Laien und Experten, müsste geprüft werden. Hierauf möchte ich im Schlusskapitel noch einmal kurz eingehen.

Die Wirtschaftspolitik eines Landes muss selbstverständlich das ökonomische und gesundheitliche Wohl der eigenen Bevölkerung sowie den Schutz der natürlichen Ressourcen berücksichtigen. Aber auch in der Außenpolitik ist eine Neujustierung unumgänglich: Faire Handelsbeziehungen, nachhaltige Entwicklungsmaßnahmen in ärmeren Ländern und zivile Krisenprävention müssen an erster Stelle stehen und militärischer Interessensvertretung sowie der opportunistischen Zusammenarbeit mit Despotenregimen in Entwicklungsländern den Rang ablaufen. Die Badische Landeskirche hat kürzlich in ihrer Schrift „Sicherheit neu denken. Von der militärischen zur zivilen Sicherheitspolitik"[5] unter anderem folgende Maßnahmen als unerlässlich beschrieben, wenn Deutschland als Friedensmacht und verlässlicher Handelspartner für die vom aktuellen Wirtschaftssystem benachteiligten Staaten wahrgenommen werden will: konsequente Verfolgung der Pariser Klimaschutzziele, stärkere Förderung des zertifizierten fairen Handels, effektive wirtschaftliche Unterstützung zur Verbesserung der Lebensbedingungen im Nahen Osten und in Afrika, bessere Kooperation in Wirtschafts- und Sicherheitsfragen mit den Staaten Osteuropas, Stärkung der Vereinten Nationen und der Organisation für Sicherheit und Zusammenarbeit in Europa (OSZE), Aufbau eines Korps an zivilen Friedensfachkräften zur Krisenprävention im Rahmen der OSZE.

Außerdem ist eine neue Gewichtung von Umweltfragen unvermeidlich. Klimaschutz ist in aller Munde, doch **Umweltschutz** generell klingt in den Ohren vieler beinahe altmodisch; „öko" sein wird belächelt oder als Schimpfwort benutzt. Selbstverständlich versuchen wir, unnötigen Müll zu vermeiden, kaufen gelegentlich auch Gebrauchtes bei Ebay, halten unsere Straßen sauber und legen Wert auf Recycling von wichtigen Rohstoffen. Umweltschutz muss jedoch einen anderen, ungleich höheren Stellenwert für Unternehmen, Parteien und die Gesellschaft im Allgemeinen erhalten. Tatsächlich ändern kosmetische Maßnahmen (wie das 2019 durch die EU-Kommission verhängte Verbot von Plastikluftballonstangen und -wattestäbchen) kaum etwas an der Vermüllung der Ozeane. Strengere $CO2$-Grenzwerte für Autos werden jahrelang diskutiert und von der Realität in Form von größeren und schwereren Fahrzeugen überholt. Der Einsatz von elektrisch betriebenen Autos ist für die Luft in den Innenstädten eine klare Verbesserung, seitens der ökologischen Gesamtbilanz insbesondere aufgrund der Akku-Fertigung allerdings umstritten. Der steigende Schadstoffausstoß und die zunehmende Verschmutzung der Weltmeere werden durch diese kosmetischen Maßnahmen nicht aufgehalten.

Dabei liegen auch hier die Zusammenhänge offen zutage: Solange die Prioritäten unserer Wirtschaft (und somit allzu oft auch die Richtlinien unserer Politik) *allein* auf Profitmaximierung liegen, so lange wird eben dieser Profit auf Kosten jener erwirtschaftet, die keine Lobby haben: auf Kosten der nächsten Generation, auf Kosten ärmerer, einflussloser Menschen der dritten und vierten Welt und auf Kosten der immer stärker beeinträchtigten Tier- und Pflanzenwelt unseres Planeten. Solange der kurzfristige Gewinn eines Unternehmens höchste Priorität haben darf, werden langfristig sinnvolle (und durchaus gewinnbringende) Entwicklungen neuer, ressourcenschonender Technologien bestenfalls schleppend und halbherzig vorangetrieben. Solange soziale und ökologische Folgen von Unternehmenspolitik weitgehend outgesourct werden können, so lange Manager und das von ihnen umgarnte politische Spitzenpersonal von der sozialen Verantwortung der ihnen verliehenen Macht nichts wissen wollen, sind das Ökosystem und der Großteil der Weltbevölkerung die Leidtragenden. Niemand darf sich wundern, wenn die Zahl der extremen Wetterereignisse weltweit immer noch stärker zunimmt, wenn klima- und armutsbedingte Migration noch weiter anwachsen. Es handelt sich hierbei keineswegs, wie oft suggeriert wird, um Ereignisse höherer Gewalt, denen nicht durch vernünftiges, gerechtes, umweltschonendes Wirtschaften hätte entgegengewirkt werden können.

In erster Linie sind also Politik und Wirtschaft gefragt, was angesichts der enormen Einflussnahme von profitgetriebenen Unternehmern und Finanzakteuren auf den demokratischen Parlamentsbetrieb große Probleme aufwirft. Leider kann es an dieser Stelle zunächst nur bei der Feststellung bleiben: Die großen Weichenstellungen müssen von oben kommen, und sie müssen sozial gerecht vorgenommen werden! Eine höhere Benzinbesteuerung oder eine höhere Mehrwertsteuer auf umweltschädliche Artikel trifft vor allem die unteren Einkommensschichten – das alleine kann es nicht sein, damit gerät der vermeintliche Umweltschutz unter den Verdacht böswilliger Ausbeuterei, und die Wut auf „die da oben" wird rechtspopulistischen Parteien nur noch mehr Menschen in die Arme treiben. Egal ob sich führende Unternehmen auf gesellschaftlichen Druck hin oder in einem (eher unwahrscheinlichen) Anflug von Vernunft selbst dazu verpflichten, eine nachhaltigere Wirtschaftsweise einzuleiten, die die Ressourcen schont und die Verschmutzung verringert, oder ob (ebenfalls unwahrscheinlich) sich unsere Regierenden endlich dem blockierenden Einfluss der Wirtschaftslobby entziehen können und strengere Richtlinien erlassen – auf sie kommt es an.[20]

---

[20] Wobei stetiger Druck aus der Zivilgesellschaft in vielen Fällen schon positive Veränderungen herbeigeführt hat: Die „Detox My Fashion"-Kampagne von Greenpeace prangert seit 2011 die enorm umweltbelastenden Produktionsverhältnisse in der Textilindustrie an, ebenso wie die gesundheitsschädlichen Produktionsbedingungen sowie den hohen Giftstoffanteil in den produzierten Textilien. Die Detox-Kampagne hat bis zum Ende des Jahrzehnts dazu geführt, dass

Und damit aber auch auf uns, die Konsumenten und Wähler! Keineswegs muss dafür zwangsläufig eine vermeintlich „grüne" Partei gewählt werden. Zunächst soll nur festgehalten werden, dass wir dem Umweltschutz in unseren persönlichen Prioritäten einen viel höheren Stellenwert einräumen müssen, wenn wir unseren Kindern einen lebenswerten Planeten hinterlassen möchten und auch für unsere verbleibende Lebenszeit den durch Umweltzerstörung und Klimaerwärmung entstehenden Konflikte und Katastrophen entgegen wirken wollen.

Unsere Art zu wirtschaften und damit direkt und indirekt zu herrschen, ist verantwortlich für Ungerechtigkeit, gewaltsame Konflikte und die Ausbeutung der Natur: in unseren Ländern, und noch gravierender in den Ländern der südlichen Hemisphäre. Ein umfassendes Streben nach Frieden in allen gesellschaftlichen Bereichen ist nötig, um diesen tödlich-egoistischen Rahmen aufzusprengen und umzukrempeln. Zwei Unterpunkte der notwendigen Veränderung möchte ich an dieser Stelle noch einmal gesondert aufgreifen:

Grund zu schonungsloser Ehrlichkeit bedarf es auch in einem für viele als nebensächlich erachtetem Problemfeld unserer Gegenwart: der mangelnden **Gleichberechtigung** der Geschlechter. Wir können es drehen und wenden wie wir wollen: Die überwältigende Mehrheit von Unterdrückungs- und Ausbeutungspraktiken in der Menschheitsgeschichte geht auf das Konto von Männern, oder genauer gesagt: von patriarchalen Machtstrukturen. Von we-

---

zahlreiche Hersteller giftfreie Alternativen entwickelt haben und sich zunehmend ihrer ökologischen und sozialen Verantwortung in den Produktionsländern stellen: Über 80 globale Marken, unter anderem H&M, C&A, Zara und Mango, Esprit, Levi's, Benetton, G-Star, Nike und Adidas, sind bis heute der Kampagne beigetreten. Hingegen verweigern sich viele Luxusmarken (Louis Vuitton, Versace, Dolce&Gabbana) giftfreien Produktionsmethoden.[6]

nigen Ausnahmen abgesehen waren und sind es männliche Stammesherrscher, männliche Könige und Diktatoren, die Kriege führen und ihre Bevölkerung ausbeuten, ihnen unliebsame Ethnien unterdrücken und selbst in Zeiten von Kriegs- und Hungerkatastrophen in Saus und Braus leben. Auch in heutigen Demokratien ist die Politik männerdominiert, auch eine Kanzlerin Merkel bewegt sich in männlich geprägten Machtstrukturen, in denen immer noch vermeintlich männliche Attribute wie Durchsetzungsvermögen, Machtstreben oder Gefühlskälte als zielführend und erstrebenswert angesehen werden. Noch schlimmer in der freien Wirtschaft, in deren Machtzirkeln sich das rücksichtslose Verhalten feudalistischer Oberschichten vergangener Jahrhunderte widerspiegelt: Ohne Frauenquoten bleibt es bei männerdominierten Vorstandsetagen, deren offenes Vorzeigen von Statussymbolen und die regelmäßige Erniedrigung interner Gegner Sigmund Freud die Freudentränen in die Augen treiben würden. Frauen werden immer noch in vielen Fällen für die gleiche Arbeit schlechter bezahlt und bei der Vergabe von höheren Posten bei gleicher Qualifikation seltener berücksichtigt. Und die „#metoo"-Debatte hat endlich einmal an die Öffentlichkeit gebracht, dass viele Frauen im Alltag Belästigungen und Misshandlungen ausgesetzt sind, für die es auf männlicher Seite kein Pendant gibt.[21]

Und die gesellschaftlichen Probleme von Frauen in westlichen Ländern sind wiederum noch harmlos, verglichen mit der massiven Diskriminierung in ärmeren Regionen der Welt: Mädchen, die nicht zur Schule gehen dürfen und minderjährig zwangsverheiratet

---

[21] Auf dem Kunst- und Literaturfestival Aké in der nigerianischen Metropole Lagos stellte die ägyptisch-US-amerikanische Journalistin Mona Eltahawy bei einer Buchvorstellung ihrem Publikum die nicht ganz rhetorische Frage, wie viele Männer denn bisher durch den Feminismus gestorben seien. Die Antwort: „Niemand" – wohingegen durch patriarchische Strukturen täglich Frauen auf der ganzen Welt ums Leben kommen.

werden, Frauen, die sich einem kulturell oder religiös gerechtfertigten Diktat und damit ihren Männern unterwürfig zeigen müssen, denen elementare Rechte verweigert werden, die – auch heute noch – nach einer Vergewaltigung als schuldig und entehrt abgeurteilt werden, ganz zu schweigen von der immer noch nicht ausgemerzten, skandalösen „Tradition" der Genitalbeschneidung. Es sind Frauen, die unter Hunger und schlechter Hygiene am meisten zu leiden haben, mitsamt ihrer kleinen Kinder, die sie in immer noch zu vielen Ländern unter katastrophalen Umständen zur Welt bringen und versorgen müssen, während sie daneben zusätzlich harte körperliche Tätigkeiten in der Landwirtschaft ausüben müssen. Auch sind es meist Frauen, die unter unwürdigen Umständen in den Nähfabriken unserer großen Textilunternehmen in Myanmar oder Vietnam schuften müssen, um ihre Familien zu ernähren. Skandalöse Erniedrigungen sind aber keineswegs nur Alltag in den Ländern der Dritten Welt: Erst im Juni 2019 hat eine kanadische Untersuchungskommission festgestellt, dass Kanadas Regierungen in den vergangenen Jahrzehnten das Verschwinden von Tausenden Ureinwohnerinnen im Land vorsätzlich ignoriert hatten. Das heißt, dass Tausende Frauen in den Augen der Behörden wertlos, ihre Schicksale irrelevant waren. In dem Bericht ist gar von „vorsätzlichem Völkermord" die Rede.

Eine auch nur ansatzweise auf einem humanistischen Wertesystem fußende Gemeinschaft muss die Durchsetzung von Gleichberechtigung entschlossen vorantreiben. Wer über Menschenrechte redet, kann diese nicht auf einzelne Gruppen einer Gesellschaft beschränken. Wer das Problem des ungebremsten Bevölkerungswachstums angehen will, kommt um die Tatsache nicht herum, dass Zwangsheiraten und gesellschaftliche Entmündigung von Frauen hohe Geburtenzahlen begünstigen, während die Stärkung von Frauenrechten (insbesondere durch Bildung, freie Berufswahl und gesellschaftliche Selbstbestimmung) das Bevölkerungswachstum im jeweiligen Land senken.[7] Und wäre nicht auch unser Politik- und Wirtschaftssystem ein anderes, würden Frauen über mehr Einfluss verfügen? Ist es verwerflich, die Frage zu stellen, wieso in ehrenamtlichen Bereichen und sozialen Berufen Frauen die überwältigende Mehrheit stellen? Wieso 85% der Gewaltverbrechen hierzulande von Männern verübt werden?[8] Sagt das womöglich im Umkehrschluss etwas über den Umgang innerhalb unserer männlich geprägten Entscheidungsstrukturen in Wirtschaft und Politik aus? Sind es nicht womöglich die fehlende Empathie und das testosterongesteuerte Machtgehabe in patriarchalen Machtzirkeln, die Entscheidungen von langfristiger Sinnhaftigkeit und Entscheidungen zum Wohle der Allgemeinheit verhindern, während Manager und Machthaber nicht selten machohafte Machtdemonstrationen an den Tag legen und sich auf Kosten der Allgemeinheit bereichern?[22] Was ist in diesem Zusammenhang über das in mittelalterlichen Strukturen erstarrte, rein männlich dominierte Machtgebilde der römisch-katholischen Kirche zu sagen? Die Zivilgesellschaft, die im März 2018 in Washington nach dem Massaker an einer Highschool in Parkland, Florida auf die Straße ging, war bunt, war laut, sie war jung, und sie war sehr weiblich. Ihre Gegner? Mehrheitlich ältere, vor allem weiße Männer, die an ihrem Recht auf unbeschränkten Waffenbesitz hängen wie starrsinnige Kinder, die ihr Spielzeug nicht loslassen wollen. Auch die *FridaysForFuture*-Proteste sind weiblich geprägt – und jung! Vielleicht führen diese Gedanken an dieser Stelle zu weit,

---

[22] Mahatma Gandhi sprach Zeit seines Lebens jeden Tag zwei Gebete: Im ersten heißt es, dass der wahre Weise jemand ist, der sich tief in das Leid hineinversetzt und mitfühlend handelt. Im zweiten Gebet bat er, Gott möge ihn „weiblicher machen", da er überzeugt davon war, dass die wesentlichen Werte des Mitgefühls und Teilens durch Frauen überliefert werden, während dieser Teil des weiblichen Wesens Männer zu fehlen scheint, es sei denn, sie kultivieren ihn bewusst.

vielleicht mache ich mich auch aus feministischer Sicht der Verwendung überkommener Stereotypen verdächtig, aber ein Grund, nachdenklich zu werden, sind diese Tatsachen doch allemal.

Zur Gleichberechtigung gehört im Übrigen auch, den Bedürfnissen von Kindern und Minderjährigen mehr Aufmerksamkeit zu schenken. Die schutzlosesten Angehörigen der menschlichen Gesellschaft erfahren in patriarchal geprägten Gesellschaften vergleichbare Ausbeutung und Missbrauch wie Frauen. Jeder Machthabende einer kriegstreibenden Nation (und dazu gehören die Waffen liefernden Industrienationen selbstverständlich auch) sollte vor Scham im Boden versinken angesichts der himmelsschreienden Gewalt, die Kinder in Kriegsgebieten erfahren – erstickt bei Giftgasattacken des syrischen Regimes, verstümmelt durch (die international eigentlich geächteten) Anti-Personen-Minen auf den Feldern Afghanistans, ihrer Kindheit beraubt als Soldaten in zentralafrikanischen Bürgerkriegsregionen. Politiker und Unternehmensbosse, in deren Macht es stünde, solches Unrecht zu beenden, sollten Sack und Asche tragen angesichts der Ausbeutung von Kindern als billige Arbeitskräfte in sklavenähnlichen Zuständen in Indien, auf den Philippinen oder in Burkina Faso.[23] Durch die Befreiung dieser Kinder durch Überwindung patriarchaler Gesellschaftsverhältnisse und durch den uneingeschränkten Zugang zu Bildung werden die dringendsten Baustellen ärmerer Länder, wie ungebremstes Bevölkerungswachstum und der Mangel an einer

---

[23] Laut UNICEF-Statistik waren 2017 weltweit ca. 152 Millionen Kinder zu Arbeiten gezwungen, „die sie ihrer elementarer Rechte und Chancen berauben." Ungefähr 73 Millionen von ihnen leiden unter Arbeitsbedingungen, die „gefährlich oder ausbeuterisch" sind, beispielsweise in Goldminen, auf Kakaoplantagen oder als Textilarbeiter. 70 Millionen Menschen sind aktuell auf der Flucht vor Krieg und Gewalt; je länger eine Fluchtsituation andauert, desto höher die Wahrscheinlichkeit, dass die betroffenen Kinder Opfer von ausbeuterischen Arbeitsverhältnissen werden.

gebildeten jungen Bevölkerungsschicht zur Gestaltung von Politik und Wirtschaft, am effektivsten in Angriff genommen.

Ich möchte auch nicht unterschlagen, dass Armut auch in den Industrienationen in den meisten Fällen Kinder bzw. Familien betrifft. Auch in Deutschland werden Kinder niedrigerer sozialer Schichten beim Zugang zum Bildungswesen benachteiligt. Auch bei uns ist die Frage, wie die Rechte und Chancen von Kindern dauerhaft und quer durch alle gesellschaftlichen Gruppen verbessert werden können, eine immens drängende.[9]

Und nicht zuletzt: Unsere Art zu wirtschaften geht zu Lasten der kommenden Generationen. Gönnerhafte, altväterlich-belehrende Kommentare aus konservativen Medien- und Politikerkreisen entlarven nur noch deutlicher, dass die junge Generation mehr zu sagen hat und vor allem in ihrer heute stattfindenden Kritik eindeutig den Kern der Probleme trifft – im Gegensatz zu eben jenen Männern und Frauen, die ihren eigenen beschwörerischen Formeln von maximalem Wirtschaftswachstum und stetig steigendem Bruttoinlandsprodukt als Maß aller Dinge erlegen sind, die die Belange der kommenden Generationen durch kurzsichtige Entscheidungen nachhaltig aufs Spiel gesetzt haben und denen heute nichts Besseres einfällt, als von der Komplexität der Probleme zu sprechen, welche die Kinder eben noch nicht zu durchschauen imstande seien. Die kommende Generation ernst nehmen, ihr ernsthaft Rechte einzuräumen, das könnte in Deutschland schon mit einer Herabsetzung des Wahlmindestalters beginnen, das wird aber erst dann ernsthaft Gewicht erhalten, wenn politische Entscheidungen stets auch mit Blick auf die kommenden Generationen gefällt werden. Bei Stichworten wie Atommüll, Kohleenergie oder globale Freihandelsabkommen ist es nicht möglich, die Folgen der bisher getätigten Weichenstellungen auf die Generationen nach uns auszublenden.

Wurde Gleichberechtigung und Familienpolitik von Altbundeskanzler Gerhard Schröder nicht einmal als „Gedöns" abgetan? Er hätte nicht falscher liegen können.

Zu guter Letzt sehe ich eine gestiegene Verantwortung im Medienbetrieb unserer entwickelten Länder. Folgende Problemfelder müssen die Nachrichtenschaffenden gerade auch hierzulande unbedingt ernst nehmen: das unverhältnismäßige Übergewicht von Katastrophenmeldungen bei den tagesaktuellen Meldungen, die kaum vorhandene Berichterstattung über positive Entwicklungen und Ereignisse, das Ausblenden von Themenkomplexen außerhalb des westlichen Interessensbereiches, die Einflussnahme von zumeist konservativen Thinktanks und wirtschaftsnahen Netzwerken auf die Berichterstattung sowie eine generell oftmals fehlende oder nur vorgetäuschte Sachlichkeit.

Selbstverständlich gibt es wie in anderen Wirtschaftszweigen auch in der Medienbranche einen stetig zunehmenden Konkurrenzkampf um Absatz- und Zuschauerzahlen. Letztlich ist ein Verleger oder eine Chefredakteurin auch dem eigenen Unternehmen verpflichtet, und wenn die Mehrheit der Bevölkerung eben in erster Linie auf sensationelle Katastrophenmeldungen anspricht, muss eine Redaktion diesem Interesse gewissermaßen Rechnung tragen. Ihrer Verantwortung, die Menschen möglichst neutral und umfassend zu informieren, kommt sie damit allerdings nicht nach. Schlagzeilen über ganze Heere an Sozialschmarotzern, Terroranschläge und Prominentenskandale erzeugen ein Zerrbild der Wirklichkeit und lenken die Nachrichtenkonsumenten von viel bedeutsameren Geschehnissen ab. Hintergrundinformationen, beispielsweise über die Gründe für die extremen Mietpreissteigerungen oder auch einfach neutrale Bewertungen von großen Streitfragen wie in Sachen Migration und Integration, werden zu selten geliefert. Vorenthalten werden den Bürgerinnen und Bürgern aber auch zum großen Teil Meldungen über positive Entwicklungen, wenn sie nicht gerade so schlagzeilenträchtig sind wie die Rettung einer thailändischen Jugendgruppe aus einer überfluteten Höhle. So ist auch das vorherrschende Bild über Afrika in den Köpfen der meisten Westler ein durch und durch negatives: ein chaotischer, konfliktbeladener Kontinent mit Millionen hungernder Kinder und korrupten Landesfürsten – ein durch und durch hoffnungsloser Fall. Dass es auch in vielen afrikanischen Ländern positive Entwicklungen zu verzeichnen gibt, dass aber auch das Elend in vielen der dortigen Regionen teilweise direkt mit unserer Wirtschaftsweise und Export- bzw. Importpolitik zu tun hat, wird nicht thematisiert. Dafür muss man dann schon spät nachts einen Spartenkanal einschalten. Und zu schlechter Letzt fehlt in vielen Themenbereichen (aber vor allem wenn es um Fragen der Wirtschaft- und Sozialpolitik geht) ein wirklich neutraler Blick unserer Leitmedien. Die Vernetzung von neoliberalen Thinktanks und unserer Medienhäuser, auch die sogenannten „transatlantischen" Netzwerke sind der Allgemeinheit wahrscheinlich kein Begriff, aber leider Realität.[24] Wer wirklich unabhängig und neutral berichten will, macht sich in der Medienlandschaft schnell angreifbar und zum Außenseiter. So wies der Journalist und Globalisierungskritiker Harald Schumann in einer ARD-Talkshow vor einigen Jahren darauf hin, dass der wiederkehrend für den CDU-Vorsitz gehandelte Blackrock-

---

[24] Es seien an dieser Stelle beispielhaft genannt: Die „Atlantik-Brücke", ein privater, „gemeinnütziger" Verein, der ca. 500 Mitglieder aus Finanzwesen, Wirtschaft, Politik und Medien zählt und als Netzwerk- und Politikberatungsinstitut fungiert; die „Bilderberg-Konferenz", ein informelles Forum einflussreicher Politiker, Wirtschaftsbosse, Militärs und Medienschaffender aus Nordamerika und Westeuropa, an dem bereits zahlreiche deutsche Kanzler, Minister, Unternehmens- und Medienchefs teilnahmen; die „Mont Pèlerin Society", ein Zusammenschluss von „Akademikern, Geschäftsleuten und Journalisten, der das Ziel verfolgt, zukünftige Generationen von wirtschaftsliberalen Ideen zu überzeugen."[10]

Aufsichtsrat Friedrich Merz durch seine Arbeit für die ultrareiche Schattenbank sowie durch seine Tätigkeit in einer Wirtschaftskanzlei in einem Interessenskonflikt als Vertreter deutscher Wähler stünde. Außerdem kritisierte er, dass Merz als Politiker unter anderem mit der Lockerung genau jener Regeln beschäftigt war, die seiner Wirtschaftsklientel bei ihren Geschäften im Wege stehen. Merz und Talkmaster Beckmann ließen Schumann jedoch kaum ausreden und brüllten den Kritiker gemeinsam nieder.

Unverantwortlich ist auch das Ausblenden der Berichterstattung über Regionen und Themenkomplexe, die vermeintlich außerhalb unseres Interessensbereiches liegen. Wer weiß schon in Europa, dass, wie eingangs erwähnt, in vielen südamerikanischen Ländern Gewerkschafter, Umweltschützer und Menschenrechtsaktivisten brutalen Repressionen ausgesetzt sind? In Kolumbien wurde im Jahr 2018 im Schnitt jeden Tag ein Aktivist oder eine Aktivistin ermordet, die sich für die Rechte der Ureinwohner eingesetzt und beispielsweise rücksichtslos durchgedrückten Infrastrukturprojekten in den Weg gestellt haben. Jeden Tag! In Mexiko sind Journalisten, Politiker progressiver Parteien und Vertreter indigener Gruppen stärker im Fadenkreuz als andere. Und auf den Philippinen fordert die „Null-Toleranz-Politik" der Regierung Duterte jeden Tag Menschenleben, weil die Polizei Drogendealer wie auch -konsumenten de facto zum Abschuss freigegeben hat und kritische Stimmen zum Schweigen gebracht werden. Wie viel erfahren wir davon in unseren Tagesmedien? Wir leben im Informationszeitalter, das gleichzeitig auch als Desinformationszeitalter bezeichnet werden könnte. Als Alternative ist die Informationsbeschaffung über das Internet zwar einerseits grenzenlos, will andererseits aber auch sehr gezielt und zudem kritisch betrieben werden. Und wie die zahlreichen Fake News und völlig entgleisenden Diskussionen in sozialen Medien beweisen, ist es um Neutralität im Netz nicht sonderlich gut bestellt. Dadurch sind die Anforderung an den professionellen Medienbetrieb massiv gestiegen. Diese Verantwortung müssen die großen Medienhäuser und Plattformbetreiber annehmen, durch maximal objektive, faktenbasierte Berichterstattung, durch Moderation ihrer Onlineauftritte und konsequentes Vorgehen gegen Hasskommentare.

Auch an dieser Stelle bleibt mir zunächst nichts anderes als die etwas deprimierende Feststellung, im Medienbetrieb unserer Länder nicht immer Verbündete zu haben, wenn es um die politische Aufklärung der Bevölkerung und sachliche Informationsvermittlung geht. Diese Rolle muss in Deutschland teilweise schon das Kabarett übernehmen. Eine Anekdote hierzu: Die Satiresendung „Die Anstalt" wurde 2014 von den Herausgebern der *Zeit* und der *Süddeutschen Zeitung* mit einer Unterlassungsklage bedroht, weil ihre Macher in einer Sendung über die oben genannten Verstrickungen von Medienschaffenden, Politikbetrieb und Wirtschaftslobbyorganisationen berichtet hatten. Die Klage wurde in zweiter Instanz abgewiesen.[11]

Als letztes noch eine Anmerkung: Den grassierenden Rechtspopulismus unserer Zeit will ich in keiner Weise kleinreden, allerdings sehe ich darin in erster Linie die Folge der politischen, sozialen und wirtschaftlichen Fehlentwicklungen der vergangenen Jahrzehnte. Natürlich gilt es, demokratiefeindlichen Tendenzen entschieden entgegen zu treten, und bei allem Verständnis für Teile der Bevölkerung, die sich vom politischen Betrieb nicht ernst genommen fühlen (womit sie ja keineswegs Unrecht haben!), gibt es keinerlei Rechtfertigung für den Hass und die Menschenverachtung, die sich auf sozialen Plattformen breitmachen und mehr und mehr auch ins Zusammenleben in unserer Gesellschaft einsickern. Die Amokfahrt eines Neonazis in Charlottesville 2017, das Massaker in einer Moschee in Christchurch im April 2019 und die Anschläge von Halle und Hanau sind nur die Spitze des Eisbergs dieser gefährlichen Entwicklung. Dass es in den westlichen Demokratien zu einer Krise solchen Ausmaßes kommen konnte, ist aus meiner Sicht aber die Folge einer tiefergehenden Fehlentwicklung: dass sich die Profitgier im Wirtschaftsbetrieb praktisch institutionalisieren konnte, dass Unternehmen ihrer sozialen Verantwortung nicht nachkommen wollen, und dass besonders die Bundespolitik den Menschen am Rand Jahr um Jahr vermittelt hat, irrelevant zu sein. Wäre sichergestellt, dass alle Bundesbürgerinnen und -bürger von einem Vollzeitbeschäftigungsverhältnis ihren Lebensunterhalt bestreiten können (oder vielleicht auch durch alternative Einkommensmodelle), dass die Mieten in den Städten nicht nur für die Oberschicht bezahlbar sind, dass die Beseitigung von Altersarmut auf der politischen Agenda mit an erster Stelle steht, dass Wohnraum, Krankenpflege und Wasserversorgung nicht Spielball spekulativer Prozesse werden, dass auch die entlegenen Regionen des Landes eine ordentliche Nahverkehrsanbindung erhalten, dass Langzeitarbeitslose nicht mit sinnlosen Weiterbildungsmaßnahmen abgespeist und von erbarmungslosen Sanktionsmechanismen bedroht werden, dass die städtische Infrastruktur auch in weniger attraktiven Wohngegenden regelmäßig modernisiert wird, dass Flüchtlinge nicht auf problematische Weise in großen Zahlen in Massenunterkünften zusammengepfercht werden, oder dass die Wählerschaft auch über einen vier- bis fünfjährig stattfindenden Wahltermin hinaus konkret am politischen Entscheidungsprozess beteiligt wird – wenn all dies sichergestellt wäre, wie stünde es dann wohl um die Wahlergebnisse von Demokratiefeinden und Demagogen wie Boris Johnson, Matteo Salvini, Björn Höcke, Marine Le Pen und wie sie alle heißen?

Teil III – Grundsätzliches

5. Die große Frage

„Jedes Menschenleben ist mehr wert als alle Menschenleben zusammen."
- Andreas Voetter

„Eine Erfolgsethik ist, mit Verlaub, keine Ethik. Der Erfolg als solcher rechtfertigt gar nichts."
- Hans Küng

So sehr mir dies anfangs widerstrebte, wurde mir im Laufe der Zeit klar, dass wir uns im Zusammenhang mit einer Veränderung der globalen und folglich der persönlichen Verhältnisse eine urphilosophische Frage stellen müssen: Wieso Gutes tun, und nicht Schlechtes? Wieso gemeinnützig handeln und nicht egoistisch? Und, darüber hinaus: Was heißt eigentlich „gut"? Gibt es einen weltweiten gemeinsamen Nenner in der Frage, was „gut" ist? Und wenn nicht: Sollte hierüber möglichst ein Konsens gefunden werden? Schließlich: Gibt es eine ethische Handlungsbasis, die von allen Mitgliedern der Weltgemeinschaft eingefordert werden kann?

Müssen wir solch grundsätzliche Fragen, deren Beantwortung zunächst scheinbar auf der Hand liegt, wirklich stellen? Darüber muss doch nicht ernsthaft diskutiert werden! Andererseits: Liegt nicht genau darin ein Problem, dass wir zwar alle (durch familiäre, soziale oder religiöse Prägung) eine grob umrissene Definition davon verinnerlicht haben, was ethisch „gutes" Handeln bedeutet, dass die Grenzen dieses Begriffes jedoch immer schwammiger und rissiger werden, je weiter wir uns bei der Betrachtung von uns als Zentrum und unserem engen Umfeld als Peripherie entfernen? Oder dass letztlich doch jedes Mitglied einer Gesellschaft seine eigene Festlegung davon trifft, wo die eigene Verantwortung Grenzen hat, und dass die eigentlich in den meisten Staatsverfassungen garantierte Menschenwürde letztlich von den politisch-wirtschaftlich Handelnden nicht konsequent eingefordert und durchgesetzt wird? Wenn kein Konsens darüber herrscht, was als ethisch gutes Handeln gelten soll und eingefordert werden kann, darf nicht verwundern, dass sich jedes Mitglied einer Gesellschaft seine eigene Vorstellung davon zurechtbiegt, was „noch in Ordnung" ist und was bereits kriminell. Das betrifft bei uns so banale Dinge wie eine Steuererklärung (was steht dem Staat zu, was gestehe ich mir zu?), das betrifft besonders die Frage, ob ich alles, was gesetzlich möglich ist, auch machen „darf". Prinzipiell haben die Herrschaften, die sich über rechtliche Schlupflöcher Milliarden Steuergelder abgezweigt haben, kein Gesetz gebrochen – und doch haben sie zweifelsfrei die Gesellschaft geschädigt und sich auf Kosten der Steuerzahlenden bereichert, haben sich Geld angeeignet, das der Allgemeinheit nun fehlt.[25] Es betrifft aber auch den großen grauen Bereich des persönlichen Konsums: Ist der Kauf eines Kleidungsstückes bei Primark ethisch verwerflich? Muss ich mich da-

---

[25] Mit einem ebenso simplen wie raffinierten Trick, vereinfacht gesagt der mehrfachen Erstattung einer nur einmal abgeführten Kapitalertragssteuer, prellte ein loses Netzwerk aus Banken, Anwaltskanzleien, Beratern und Börsenspekulanten den deutschen Staat in den vergangenen zwei Jahrzehnten um mehr als 30 Milliarden Euro. Die Betrüger ließen sich ihren Steuertrick zwischenzeitlich sogar – auf Betreiben des Bankenverbandes – mit dem Jahressteuergesetz 2007 legalisieren! Obwohl die Finanzminister mehrerer Landes- und Bundesregierungen Bescheid wussten, wurde erst 2016 die letzte Lücke geschlossen, die die sogenannten Cum-Ex- und Cum-Cum-Praktiken ermöglichte.

für rechtfertigen, mit dem Griff zum Billigfleisch im Kühlregal Geld sparen zu wollen? Es findet also im Prinzip vor jeder Entscheidung in einer freien Konsumgesellschaft eine Abwägung statt, wobei die meisten Menschen eine solche Abwägung nur selten immer wieder neu anstellen dürften bzw. vermutlich auch einfach verdrängen mit der Ansicht, was legal gemacht werden *kann*, „darf" auch gemacht werden. Aber spätestens seit dem 20. Jahrhundert, in dem selbst die entlegensten Weltregionen endgültig zusammengewachsen sind durch eng verflochtene Handelsbeziehungen, globalen Informationsaustausch und Massentourismus, ist es nicht mehr möglich, die Handlungen eines Mitgliedes der Weltgemeinschaft isoliert zu betrachten. Wer sich nicht gänzlich aus der Gesellschaft zurückziehen und autark als Selbstversorger leben möchte, kann sich dieser Tatsache und der damit verbundenen Verantwortung nicht entziehen. Also: Lässt sich ein Nenner dafür finden, ein *kategorischer Imperativ*, der für alle Bewohnerinnen und Bewohner dieser Erde gelten kann, weil ihm eine allen Menschen verinnerlichte Definition für gutes, ethisch korrektes Handeln zugrunde liegt?

Es handelt sich dabei mitnichten um ein philosophisch-abstraktes Problem, das die großen Denker der Vergangenheit gewälzt haben und das für uns heute keine praktische Relevanz hat. Aber, wie auch Hans Küng in seinem *Projekt Weltethos* festgestellt hat, wird es schwierig, die „Unbedingtheit und Universalität ethischer Verpflichtungen zu begründen", jene „unbedingte sittliche Norm", sofern man nicht an eine über dem Menschen stehende, höhere Instanz glaubt. C.S. Lewis hat für seinen Gottesbeweis versucht, das scheinbar in allen Kulturen der Menschheitsgeschichte verankerte „Sittengesetz" im menschlichen Handeln hervorzuheben, doch bereits die grundsätzliche und vermeintlich einfach zu beantwortende Frage, ob oder unter welchen Umständen ein Mensch einen anderen Menschen töten darf, bringt einen solchen

Beweis für ein im Menschen angelegtes Grundgespür für Gut und Böse ins Wanken. Viel zu stark ist die Frage, wie viel ein Menschenleben wert ist, der jeweiligen kulturellen Prägung, einer existenzbedrohenden Notlage oder einer lebensbedrohlichen Konfliktsituation unterworfen. Im nächsten Kapitel werde ich darauf eingehen, dass der Glaube an einen Gott (zumindest im Einklang mit dem christlichen Glaubensverständnis) dem Menschen hilft, diese Frage eindeutig zu beantworten. Da Religiosität für einen großen Teil der Bevölkerung in den entwickelten Ländern aber keine Rolle spielt, muss die Suche nach einem solchen ethischen Grundkonsens ohne eine über dem Menschen stehende, höhere Wirklichkeit stattfinden.

Wer keiner moralischen Leitlinie folgt, die sich am Glauben an einen gütigen und gerechten Gott ausrichtet, steckt den Rahmen dessen, was „gut" und „böse" ist, zunächst wahrscheinlich im privaten Umfeld ab, und orientiert sich an den kulturellen Begebenheiten der Gesellschaft, der man sich zugehörig fühlt. In abgeschwächter Form folgt man damit dem noch entfernt an neutestamentlicher Moral angelehnten Prinzip „Was man nicht will das man dir tu, das füg auch keinem anderen zu." Grundsätzliche Vorgaben, wie nicht zu betrügen oder nicht zu töten, sind bekanntermaßen in den meisten Fällen gesellschaftlicher Konsens und in der Rechtsprechung demokratischer Staaten verankert.[26] Das Grundprinzip scheint zu sein, mit dem eigenen Verhalten niemanden zu schädigen und ein gesellschaftliches Miteinander zu pflegen, das letztlich zum Wohle aller beiträgt. Immanuel Kants kategorischer

---

[26] Die Diskussion um die Recht- und Verhältnismäßigkeit der Todesstrafe würde an dieser Stelle zu weit führen, in meinen Augen delegitimiert sich eine Verfassung jedoch, die einerseits ihrem Volk Unversehrbarkeit garantiert, auf der anderen Seite aber als Sanktionsmaßnahme den vollständigen Entzug dieser Unversehrbarkeit androht.

Imperativ dürfte als weltanschaulich neutrale Leitlinie dem Großteil unserer Gesellschaft einleuchten.

Doch damit sind weder die Grenzen der eigenen Verantwortung geklärt noch die grundsätzliche Frage, wieso der Nutzen der Gesellschaft wichtiger sein sollte als der Vorteil Einzelner, oder diesem zumindest gleichwertig sein sollte. Unausgesprochen sind es das Recht des Stärkeren sowie die (nicht) zu befürchtenden Sanktionen bei Regelverstößen, worauf sich viele führende Personen der Wirtschaft, Teile der oberen Mittelschicht, vermutlich aber auch ein Großteil der arbeitenden Bevölkerung berufen: Wenn sich andere bereichern, wieso soll ich das nicht auch tun, wenn ich keine gesetzlichen Konsequenzen fürchten muss? Wieso soll ich persönlich in meinem Komfort zurückstecken, zugunsten von Menschen, denen ich nie begegnet bin? Wer nimmt sich das Recht, mir zu sagen, wie ich mich zu verhalten habe? Eine solche egozentrierte Sichtweise, gewissermaßen sozialdarwinistisch begründet, lässt sich zunächst offenbar nicht nachhaltig entkräften, wenn die selbstbezogen handelnde Person moralische Kategorien per se nicht interessieren. Allein, auch hier sollte der Versuchung widerstanden werden, die Grenzen zwischen egoistischer und selbstloser Lebensweise allzu scharf zu ziehen – denn wie viel Selbstlosigkeit und soziales Engagement sind schon „genug"? Und wie viel persönlicher Komfort ist unsozial? Wenn ein deutsches Ehepaar mit durchschnittlichem Einkommen zunächst die Versorgung und die Bildung der eigenen Kinder sicherstellt, ist das in den Augen der gesellschaftlichen Mehrheit sicherlich völlig in Ordnung. Lässt der finanzielle Spielraum keinen Platz für den Erwerb ethisch und ökologisch einwandfrei hergestellter Produkte, ist der Familie wohl kein Vorwurf zu machen. Womöglich lässt die berufliche und familiäre Situation den Eltern auch nicht die Zeit, sich tiefergehend mit komplexen Zusammenhängen in Fragen sozialer Gerechtigkeit und dem eigenen Beitrag zur Vermeidung von Umweltzerstörung auseinanderzusetzen. Luft für ehrenamtliches Engagement ist über den Elternbeirat der Schule oder den Sportverein hinaus schlichtweg auch nicht vorhanden. Wie ist das „Lebenskonzept" dieser Familie nun zu bewerten? Trägt sie doch mit dem Kauf ihrer Kleidung, dem Konsum von Importfleisch aus der Kühltheke, ihrer privaten Altersvorsorge und Hausfinanzierung bei einer x-beliebigen Sparkasse sowie dem häufigen Betrieb zweier konventionell angetriebener Fahrzeuge in all den oben genannten Problemfeldern zum Erhalt des Status quo bei, der langfristig gesehen global, aber auch national zu noch massiveren ökologischen und sozialen Verwerfungen führen wird. Also, wo ansetzen? Und wo die Grenze ziehen? Kann man dieser Familie einen Vorwurf machen, mit den ihr gegebenen Mitteln bei den gegebenen gesellschaftlichen Voraussetzungen auf diese Weise ihr Leben zu absolvieren, also in erster Linie dafür zu sorgen, dass es den eigenen Kindern an nichts fehlt, und dabei zumindest im privaten Umfeld niemandem Schaden zuzufügen? Und darüber hinaus: Müsste sie sich wirklich dafür rechtfertigen, einen Zugewinn an privatem Vermögen anzustreben, ohne die möglichen indirekten Folgen für Dritte zu bedenken?

Reichtum an sich muss keineswegs als verwerflich angesehen werden, wie der tschechische Ökonom Tomáš Sedláček in seinem bekanntesten Werk „Die Ökonomie von Gut und Böse" betont.[27] In seinen Forschungen zu der Frage, wie sich die Ökonomie seit den

---

[27] Sedláček verdanken wir unter anderem die wiedergewonnene korrekte Sichtweise auf Werk und Philosophie des großen Ökonomen Adam Smith. Smith, der in heutigen Wirtschaftskreisen oft zitiert wird für ein rein an Nutzenmaximierung orientiertes Ökonomieverständnis, vertrat eine komplett gegenteilige Meinung: Wie auch seine Kollegen J.S. Mill oder David Hume, oder wie im ökonomischen Verständnis der alten Griechen oder Hebräer, war Smith stets der Meinung, dass die Beschäftigung mit ethisch-moralischen Fragen ein wichtiger Bestandteil ökonomischen Handelns sein müsse. Eine Tatsache, die die Mainstreamökonomen des 20. Und 21. Jahrhunderts völlig ausgeblendet haben.

ersten menschlichen Hochkulturen entwickelt hat und wie stark sie bei ihren jeweiligen Vertretern von moralischen Fragen geleitet wird, arbeitet er beispielsweise bezogen auf die Geschichte des Judentums heraus, dass im Glaubensleben der Hebräer Reichtum zunächst als Zeichen göttlichen Segens verstanden wurde. Dieser Segen geht allerdings auch mit Verantwortung einher und setzt voraus, dass dieser Reichtum aus Dankbarkeit für das erfahrene Glück auch zum Wohle Anderer eingesetzt wird. Zudem enthalten die frühen hebräischen Gesetzestexte eindeutige Handlungsanweisungen, wie den armen Mitgliedern der Gesellschaft Gerechtigkeit verschafft werden soll: beispielsweise durch den vollständigen Schuldenerlass im regelmäßig wiederkehrenden Erlassjahr, oder durch steuerliche Regelungen, die die Notversorgung von „Waisen und Witwen" sicherstellen. Der eigene Nutzen darf in dieser Weltsicht durchaus maximiert, der eigene Reichtum genossen werden, wenn sich das Verhalten der Besitzenden an gewisse Regeln hält, wenn soziale Standards gewährleistet werden und aus Dankbarkeit für das erfahrene persönliche Glück gute, selbstlose Werke getan werden. Oder, wie Frieder Claus vom Diakonischen Werk Württemberg vor einigen Jahren ausgeführt hat: „Die Bibel hat keine negative Grundhaltung zum Reichtum." Es sei ja auch widersinnig, wenn ein Gott der Fülle Wohlstand und Wohlergehen negativ ansehen würde. Entscheidend seien vielmehr zwei Fragen: Wie entsteht Reichtum? Und wie wird er verwendet? Hat mein persönlicher Reichtum womöglich seinen Ursprung in der Rechtlosigkeit und Ausbeutung anderer Menschen oder im gewissenlosen Umgang mit den natürlichen Ressourcen? Horte ich meine Güter nur, häufe ich immer mehr an, steigere ich meinen persönlichen Luxus, ohne andere an der Fülle und dem Glück, das mir widerfahren ist, teilhaben zu lassen? Schiebt man die religiös begründete Verantwortung beiseite, fehlt es allerdings sogleich wieder an einem allgemeingültigen Fundament, und es lässt sich erneut fragen:

Wer hat das Recht, mir in meinen Lebensentwurf hineinzureden oder mir vorzuschreiben, was ich mit meinem – so empfinden es sicher viele – ehrlich verdienten Geld anstelle? Auf der Suche nach Antworten auf die eingangs in diesem Kapitel gestellten Fragen kommt man an dieser Stelle offenbar nicht weiter.

Auch wenn eine absolut klare Grenzziehung nicht möglich zu sein scheint, gibt es nüchtern betrachtet zumindest einige Eckpunkte, an denen sich das ethische Handeln der Einzelnen orientieren kann oder sogar orientieren muss. Ähnlich wie in der Frage, wo unsere Verantwortung für Menschen endet, denen es schlechter geht als uns, kann auch in der Frage nach den Grenzen der persönlichen Verantwortung im Umgang mit unserem Reichtum und somit unserer Macht nach Antworten gesucht werden. Die wirklich hervorragende Abhandlung „Die Flüchtlinge und der barmherzige Samariter"[1] zur Frage der Grenzen von Nächstenliebe und gegenseitiger Verantwortung lässt sich auch von dieser allgemeineren Fragestellung her lesen: Demnach ist Nächstenliebe unbedingt als universale Entscheidungsgrundlage auf allen gesellschaftspolitischen und globalen Problemfeldern anzusehen. Gleichwohl sind Abstufungen in der jeweiligen Verantwortungsübernahme möglich und nötig, wobei bei der Bewertung sämtliche (in diesem Fall persönliche) Ressourcen zu berücksichtigen sind. Eine klare Handlungsorientierung an der Würde des Menschen muss immer gegeben sein, auch wenn die Abwägung in einer konkreten Situation nicht immer eine umfassende Hilfeleistung bzw. Rücksichtnahme möglich macht. Heißt konkret: Wir müssen für uns immer wieder abwägen, ob unser Lebensstil, unsere Konsumentscheidungen, unser Wahlverhalten etc. nicht für andere Menschen Nachteile bedeuten, die wir selbst nicht in umgekehrter Situation erleben möchten. Diese Abwägung muss zu unserem Selbstschutz stattfinden unter Berücksichtigung unserer persönlichen Ressourcen und Möglichkeiten. Dies gilt auch unabhängig von der persönlichen

Entscheidung, einem göttlich begründeten Gebot der Nächstenliebe zu folgen oder nicht. Die entsprechende Abwägung selbst kann uns niemand abnehmen, auch wenn es mit Kants kategorischem Imperativ eine fundierte Orientierungshilfe gibt.[28] Auch die Menschenrechtscharta der Vereinten Nationen gibt eine Linie vor, die als Handlungs- und Entscheidungsgrundlage für die Gesellschaften unserer Welt bei konsequenter Beachtung allen Menschen eine würdevolle, lebenswerte Zukunft ermöglichte und der rücksichtslosen Ausbeutung unseres Planeten einen Riegel vorschöbe.

Wieso sich signifikante Teile der Menschheit nicht an den Tenor dieser Vorgaben halten wollen? Zunächst ist und bleibt es wohl Tatsache: Viele Menschen bereichern sich auf Kosten anderer, weil sie aufgrund unzureichender gesetzlicher Sanktionierung nicht daran gehindert werden. Viele, die sich über die Konsequenzen ihrer Lebensweise auf Umwelt und Gesellschaft grundsätzlich im Klaren sind, ändern aus Bequemlichkeit, Scheu oder gefühlter Machtlosigkeit nichts an ihrem Verhalten. Viele, die das Engagement für eine gerechtere und heilere Welt als wichtig erachten, bleiben passiv, aus Trägheit oder aus Angst vor Ächtung im persönlichen Umfeld. „Die Einsicht in die unerträgliche Ungerechtigkeit der real herrschenden Verhältnisse ist inzwischen weit verbreitet, auch bei uns, die Bereitschaft, dagegen zu kämpfen, hingegen schwach ausgeprägt."[29]

Der Egoismus, also die Selbstbezogenheit im persönlichen Handeln, ist als schädliche Tatsache besonders in unseren stark auf die Freiheit des Individuums konzentrierten Konsumgesellschaften als gegeben zu erachten. „Gutes" tun, Rücksicht nehmen, die eigenen Interessen zum Wohle anderer zurückstellen, gegebenenfalls Ver-

---

[28] „Handle nur nach derjenigen Maxime, durch die du zugleich wollen kannst, dass sie ein allgemeines Gesetz werde."
[29] Aus „Hilfe? Hilfe! - Wege aus der globalen Krise", Thomas Gebauer & Ilija Trojanow

zicht üben, Nächstenliebe praktizieren, all dies wird zwar quer durch alle Kulturen als erstrebenswert angesehen, aber letztlich nicht konsequent eingefordert und durchgesetzt. Und gerade in den westlichen Demokratien, also in jenen Staaten, die dem Rest der Welt politisch und wirtschaftlich ihren Stempel aufgedrückt haben, herrscht stets ein scheinbar dauerhafter Widerspruch zwischen staatlich verordneter Einschränkung und größtmöglicher Freiheit des Individuums. Geht also das Recht auf persönliche Freiheit letztlich zu Lasten der Allgemeinheit?

Doch gerade die Frage nach der persönlichen Freiheit bringt uns in diesem Spannungsfeld zum einzig möglichen Grundkonsens, der dieses Dilemma auflöst. Eine grundsätzliche, auf Logik und Ethik basierende Handlungsanweisung, die selbst Anhängern absolut liberaler Staats- und Wirtschaftsformen einleuchten muss, und gegen die auch radikale Individualisten und Freiheitsverfechter kaum Argumente vorbringen können: Nach Andreas Voetter ist zunächst die absolute Freiheit eines jeden Menschen in jeglicher Hinsicht als erstrebenswert zu erachten, insofern diese Freiheit die Freiheit eines anderen Menschen nicht einschränkt. Ich verlange Freiheit für meine Lebensgestaltung und Lebensentscheidungen, muss dabei konsequenterweise aber auch die Freiheit jedes anderen Menschen *respektieren*.[30] Dort, wo unsere Freiheiten kollidieren, sind fair ausgelotete Grenzen der Selbstbeschränkung unausweichlich. Wenn ich mir aber das Recht herausnehme, meine Freiheit soweit auszudehnen, dass jene eines anderen Menschen einge-

---

[30] Respekt ist für den Philosophen Martin Buber dabei kein passives Einverstandensein mit der Andersheit des Anderen. Respekt besteht aus einem kontinuierlichen Dialog, der auf Missionierung verzichten muss, politisch, theologisch und philosophisch. Er schlägt die wechselseitige Anerkennung grundverschiedener Geheimnisse des Glaubens, des Menschseins und der Beheimatung vor, sowie die Verpflichtung, über diese Geheimnisse in beständigem Gespräch zu bleiben.

schränkt wird, gestehe ich damit konsequent- und logischerweise auch *jedem* anderen Menschen zu, *meine* Freiheit zu beeinträchtigen. Wer ein solches Grundprinzip ablehnt, negiert letztendlich die Gleichheit aller Menschen und stimmt einem rücksichtslosen Überlebenskampf zu, nach dem Prinzip Jeder gegen Jeden, Überleben des Stärkeren.

Das ist die Grenzziehung, hier findet sich die Trennlinie, die Festlegung auf ein ethisches Handlungsprinzip: die einzige Grundnorm, nach der moralische Prinzipien ohne theologische Basis aufgebaut werden können. Diesem Konsens müssen sowohl Altruisten als auch Hedonisten letztlich uneingeschränkt zustimmen: Meine Freiheit darf mir heilig sein, aber nur, bis sie mit der Freiheit des Anderen in Konflikt gerät.[31] Ich kann nicht einfach eine umfassende Freiheit beanspruchen, ohne diesen Anspruch auch jedem anderen Menschen zuzugestehen. Ohne diesen Grundkonsens ist weder im kleineren noch größeren gesellschaftlichen Rahmen ein funktionierendes, menschliches Zusammenleben möglich. Ohne die Rücksicht auf die Freiheit *jedes* anderen Menschen begeben wir uns weit zurück in vorzivilisatorische Zeiten; wir schaffen die Grundlage für grausamste kriegerische Konflikte, wie wir sie uns in unseren reichen, fortschrittlichen Ländern kaum noch vorstellen können. Umgekehrt: Stimmen wir diesem Grundkonsens zu *und* befolgen ihn konsequent, legen wir das Fundament für eine Weltordnung, die allen Menschen eine Zukunft in Würde ermöglicht. Die daraus folgenden Schlüsselbegriffe nach Hans Küng sind: Verantwortung jedes Mitglieds der Weltgesellschaft für diesen Planeten, für die eigene Zukunft, für Mitwelt, Umwelt und Nachwelt.

---

[31] Anna Sauerbrey von *tagesspiegel.de* lotet diese Frage noch weiter aus: Muss bei generationenübergreifenden Problemstellungen wie dem Klimawandel nicht auch die von uns beeinträchtigte Freiheit der kommenden Generationen betrachtet werden?[2]

Die Herausforderung ist natürlich, dieses Prinzip mit Leben zu füllen und konsequent zu verfolgen. Je größer der persönliche Reichtum, desto größer ist die Macht der Einzelnen und folglich auch ihre globale gesellschaftliche Verantwortung. Ich möchte frei sein zu konsumieren, reisen, wählen wie ich will, und ich möchte natürlich nicht, dass jemand anderes seine Freiheit so auslebt, dass meine Gesundheit, mein finanzieller Wohlstand und mein Lebensstil bedroht werden – und ebendiese Freiheit *muss* ich allen anderen ebenfalls eingestehen. Mit welchem Recht könnte ich sie ansonsten für mich einfordern?

Wie komplex und herausfordernd ist, in dieser Hinsicht konsequent zu handeln, zeigt das Beispiel einer Finanzanlage: Vertrauen wir unser Geld einem Finanzinvestor an, um damit privat für die eigene Rente vorzusorgen, und überlassen wir es dem Fondsverwalter, auf welche Weise das Geld angelegt wird, müssen wir davon ausgehen, dass mit unserem Geld unter anderem Spekulationen im Bereich Rohstoffe und Nahrungsmittel betrieben oder Rüstungskonzerne finanziert werden, die in die Krisengebiete dieser Welt exportieren. Wir werfen dann gelegentlich freudige Blicke auf den Wertverlauf unserer Anlage und die hohen Zinserträge, ohne zu durchblicken, dass für diese Erträge Menschen im globalen Süden die Kosten tragen, weil die Preise für bestimmte Nahrungsmittel dort ins Unerschwingliche gestiegen sind oder sie mit europäischen Waffen zu Tode kommen. Oder, bereits weiter oben genannt, wir selbst zahlen den Preis, weil der Finanzinvestor, dem wir unser Geld anvertrauen, den großen Aktienkonzern, in dem wir arbeiten, dazu drängt, unsere Arbeitsbedingungen zu verschlechtern, um damit seine Rendite zu steigern – eigentlich ja im Sinne unserer Altersvorsorge. Die Freiheit, die wir beanspruchen, ein x-beliebiges Finanzprodukt zu wählen, kollidiert mit dem Wunsch nach Freiheit und Unversehrtheit beispielsweise der Bürgerkriegsopfer im Jemen, dem Wunsch nach wirtschaftlicher Entwicklung von Kleinbauern in der Subsahara oder der Sehnsucht nach einer giftfreien natürlichen Umgebung in einem Ölsandabbaugebiet. Es klingt kompliziert, doch bei schonungsloser Betrachtung werden die problematischen Zusammenhänge des allumfassenden Freiheitsstrebens des Individuums klar ersichtlich. Wir kommen nicht umhin, uns diesen Problemen zu stellen, wenn diese Welt eine Zukunft haben soll, wenn unsere Kinder eine lebenswerte Umwelt und eine friedliche Gesellschaft vorfinden sollen. Es ist der Fluch unserer Gegenwart, dass die Frage, wie wir konsumieren, Geld ausgeben und anlegen, wohnen und reisen wollen, für uns unsichtbare Auswirkungen auf das Leben der restlichen Weltbevölkerung haben kann.

Wir können uns der politischen und wirtschaftlichen Vernetzung unserer Zeit nicht entziehen, ebenso wenig der Verantwortung, die mit unserem wirtschaftlichen und politischen Handeln einhergeht. Oder, wie es der Befreiungsphilosoph Enrique Dussel ausdrückt und Frank Epple in seiner Diplomarbeit über Dussel und die zapatistische Bewegung treffend zusammengefasst hat: Der moderne Mensch lebt *von Geburt an* in einem Bezugsverhältnis zu seinen Mitmenschen, sowohl im näheren als auch im globalen Rahmen (im Gegensatz zum vormodernen Menschen, dessen Bezugsrahmen kaum über das unmittelbare Umfeld hinausging). Diese gegenseitige Abhängigkeit, dieses Bezugsverhältnis lässt sich natürlich leugnen oder ignorieren – es ist deswegen nicht weniger Realität. Und selbstredend ist das durch diese Abhängigkeit bedingte Ausgeliefertsein bei den armen Mitgliedern der Weltgemeinschaft größer bzw. bedeutet eine stärkere Hilflosigkeit als für uns. Was hieraus folgen sollte, wird in Dussels Befreiungsphilosophie deutlich. Dussel legt darin eine Definition von Gut und Böse fest, die ohne theologischen Unterbau auskommt: *Böse* ist das konkret-gesellschaftliche Verhalten, das einem anderen Menschen das *Person-Sein* aberkennt, also dessen Recht auf Freiheit und Unversehrtheit missachtet. *Gut* ist hingegen das ethische Bewusstsein für die Situation des Anderen, das zur Folge hat, sich dem Anderen zu öffnen und ihn wahr- und ernst zu nehmen.[3] Meinen wir es mit also dem individuellen Anspruch auf Freiheit und Unversehrtheit ernst, werden wir dieses Bezugsverhältnis und unsere Verantwortung der Weltgemeinschaft gegenüber akzeptieren und Bewusstheit für die Situation der Anderen entwickeln müssen. Daraus folgen zwangsläufig die Ablehnung dieses Bösen und der Kampf gegen die zynisch-egoistischen Sichtweisen und Gesellschaftsstrukturen. Neutralität würde nur den Fortbestand dieser Strukturen sichern und das Unrecht noch weiter vergrößern. Hierauf werde ich im folgenden Kapitel noch einmal zu sprechen kommen.

Können Mitglieder der Gesellschaft zu einem nach diesen Maßstäben ethisch korrekten Verhalten gezwungen werden? Wäre dies nicht wiederum ethisch verwerflich und würde unserer Vorstellung von Freiheit widersprechen? Solange die oben beschriebene Freiheit für jeden Menschen gelten soll, eine Freiheit, die jene des Anderen nicht einschränkt, ist die erste Frage wohl mit *Ja* zu beantworten: Ja, solche Regeln sind für eine friedliche Gesellschaft unerlässlich. Und sind entsprechende Gesetze in westlichen Industrienationen nicht längst vorhanden? Wäre unsere Demokratie frei von allzu eigennützig motivierten Einflüssen (wie der mehrfach genannten Einflussnahme wirtschaftsnaher Verbände auf die Politik), läge die Macht also wirklich beim Volk, und wären die gewählten Volksvertreterinnen und -vertreter letztlich nur dem Volk und ihrem Gewissen verpflichtet, kämen wir diesem Ideal sicherlich näher. Denn dann würde die Gesetzgebung Steuerschlupflöcher für gewiefte Finanztrickser oder unethische Produktionsweisen und Finanzanlagen gar nicht erst zulassen. Die Verfassungen westlicher Staaten, wie sie seit der Französischen Revolution angelegt wurden, zielen genau darauf ab: Sie garantieren das Wohl der Einzelnen in einer Gesellschaft *auch* dadurch, dass sie einem rücksichtslos-radikalen Freiheitsdenken durch für alle Mitglieder der Gesellschaft gültige Gesetze einen Riegel vorschieben. Die Freiheit des Individuums bleibt unangetastet, solange diese Freiheit nicht die Freiheit anderer einschränkt. Um dieses Ideal aber weltweit verbindlich gültig werden zu lassen, wären hierfür natürlich umfassende globale Regelwerke bzw. Sanktionsmechanismen nötig, die in scharfem Kontrast zu vielen politischen, wirtschaftlichen und militärischen Entscheidungen und Handlungen unserer Zeit stünden (beispielsweise zu den momentan geltenden Freihandelsabkommen zwischen den größten Industriestaaten). Dass die entsprechenden Regeln in der Bundesrepublik Deutschland vorhanden sind, aber politisch zu wenig beachtet werden, zeigt die wachsende Zahl an Korrekturen politischer Entscheidungen seitens des Bundesverfassungsgerichtes. Das Ziel ist keinesfalls ein totalitärer Staatsbetrieb, wie er im Kommunismus des 20. Jahrhunderts mehrfach gescheitert ist. Aber es geht eben auch nicht weiter mit dem ebenso radikalen Neoliberalismus, in dem einige wenige Akteure ihre Macht, die Lücken unserer Gesetze und die mangelnde Durchschlagskraft staatlicher Organe nutzen und das Leben eines großen Teils der Weltbevölkerung zur Hölle machen, um sich selbst auf obszöne Weise zu bereichern.

Solange diese aktuell sehr utopische Neuregelung unseres Politik- und Wirtschaftsbetriebs nicht Wirklichkeit wird, bleibt vermutlich nichts anderes, als an das Gewissen all jener zu appellieren, die in vollem Bewusstsein Entscheidungen treffen, die anderen Menschen mittel- und unmittelbar Schaden zufügen. Es bleibt vermutlich zunächst bei kritischen, unbequemen, störenden Appellen wie diesem Buch, die sich an jene richten, welche sich gleichgültig ins gesellschaftspolitische System unserer Länder fügen und kein Interesse an einer Veränderung haben: Auch ihnen muss klar sein, dass sie nicht schuldlos sind an Ausbeutung, offener oder struktureller Gewalt und unwiderruflicher Umweltzerstörung. Wenn wir für uns die Freiheit einfordern, nicht eingeschränkt, benachteiligt oder ausgeraubt zu werden, müssen wir diese Freiheit auch jenen einräumen und ermöglichen, die wir mit unserer Lebensweise einschränken, benachteiligen, berauben. Wenn wir dieses Problem bislang verdrängt haben, ist es Zeit, sich damit auseinanderzusetzen. Gewiss soweit es die persönlichen Umstände ermöglichen. Aber die Verantwortung liegt auch bei uns, die wir in Freiheit unsere politischen Vertreter wählen können und jeden Tag in Freiheit Konsumentscheidungen treffen. Dabei geht es selbstverständlich nicht um starre politische Kategorien wie links und rechts, sondern allein um die Frage, ob man sich der Verantwortung für Umwelt und Mitmenschen stellen möchte oder diese zurückweist.

Ist damit die Frage nach „Gut" und „Böse" beantwortet? Diese moralische Zuspitzung ist am Ende vermutlich gar nicht entscheidend. Immanuel Kant hat mit seinem kategorischen Imperativ schon vor über 200 Jahren festgehalten, welches Grundprinzip sich eine Gesellschaft geben muss, die sich und allen mit ihr verbundenen Gesellschaften eine friedliche und sorglose Zukunft ermöglichen will. Denn, um wieder mit Hans Küng zu sprechen: „Dem Menschen als Vernunftwesen kommt Autonomie zu, die ihn auch ohne Gottesglaube Selbstverantwortung und Weltverantwortung wahrnehmen lässt." Darauf kommt es letztlich an.

Wir haben uns nicht ausgesucht, in eine Nation hineingeboren zu werden, deren wirtschaftlicher Erfolg *auch* auf der Ausbeutung von Ländern der Weltperipherie fußt. Ebenso wenig haben sich die Menschen in jenen Ländern freiwillig in ihr Schicksal begeben – ein Schicksal, für das unsere reichen Industrieländer historisch große Verantwortung tragen, und das auch durch unsere heutige Lebensweise allzu häufig in negativer Weise beeinflusst wird. Es lässt sich drehen und wenden wie man will: Wenn wir in den westlichen Ländern auf die Freiheit des Individuums pochen, *müssen* wir diese Freiheit auch allen anderen Menschen zugestehen, und das *muss* wiederum unmittelbare Konsequenzen im persönlichen Handeln haben, notwendige Einschränkungen eingeschlossen.

Wir können all diese Tatsachen ignorieren oder ihnen immer wieder ausweichen, doch spätestens jetzt, zwanzig Jahre nach der Jahrtausendwende, wo die Auswirkungen unserer Art zu leben und zu wirtschaften in drastischer Weise offensichtlich werden, führt kein Weg daran vorbei: Wir müssen uns die Folgen unseres Handelns eingestehen und uns folglich entscheiden. Für eine sozialdarwinistische, machiavellistische Haltung, um für uns das Bestmögliche zu erreichen, ohne Rücksicht auf andere. Für die vermeintliche Neutralität eines Rückzuges aus den gesellschaftlichen Konfliktfeldern, die aber konsequenterweise in konsequentem Einsiedlertum fernab der Zivilisation gipfeln müsste. Oder für die Anerkennung des Rechts auf Freiheit und Unversehrtheit aller Menschen, was zwangsläufig Konsequenzen im eigenen Handeln erforderlich macht. Schwarzweißmalerei hin oder her: In dieser Frage kann es keine Neutralität geben.

Wenn die wichtigsten übergreifenden Ziele unserer Zeit das Streben nach Frieden, sozialer Gerechtigkeit und Rettung der Umwelt sind, heißen deren Gegner Egoismus, Gleichgültigkeit und Mutlosigkeit. Gegen sie gilt es, anzuarbeiten.

6. Kirche und ihre besondere Verantwortung

„Die Kirche versteht sich als ein Volk Gottes und identifiziert sich mit den Leiden und Hoffnungen des Volkes, insbesondere der Unterdrückten. Aus diesem Grund ist es der Kirche auch bestimmt, sich als subversive Institution gegen eine Sozialordnung zu wenden, die auf Ungerechtigkeit, Ausbeutung und Unterdrückung gründet."

- Medellín, Generalversammlung der katholischen Bischöfe, 1968

„Worauf es ankommt, ist nicht die Theologie, sondern die Befreiung."

- Leonardo Boff

Aus weltanschaulich neutraler, säkularer Sicht ist die Frage, wieso der Mensch „Gutes und nicht Schlechtes tun" sollte, auf den ersten Blick also durchaus kompliziert. Es bleibt dem Einzelnen überlassen, individuelle Verantwortung anderen Menschen und Geschöpfen gegenüber anzuerkennen und dadurch die persönliche Handlungsfreiheit an der einen oder anderen Stelle einzuschränken. Die einen werden um Antworten ringen bei den Fragen, die dadurch aufgeworfen werden, also den Fragen nach einer ethischen Lebensweise, nach dem zumutbaren Maß an Selbstbeschränkung, nach den Grenzen des persönlichen Konsums. Andere werden sich davon frei machen, weil sie keine Verantwortung gegenüber anderen Mitgliedern ihrer Gesellschaft sehen möchten, oder weil sie den negativen Einfluss der eigenen Lebensweise auf die Lebenssituation der weniger privilegierten Teile der Weltbevölkerung ignorieren, vielleicht sogar zynisch in Kauf nehmen. Unterm Strich ist aber, wie bereits festgestellt, auch eine vermeintliche

Neutralität in dieser Frage eine Festlegung auf den unerträglichen Status quo der Gegenwart.

Wie aber auch angedeutet, stellt sich die Situation deutlich klarer dar für all jene, die sich der weltweit größten Glaubensgemeinschaft zugehörig fühlen: Für Menschen christlichen Glaubens kann es da keine Unklarheiten geben. Kein Schwanken, keine Gleichgültigkeit, und erst recht keinen Zynismus. Wer sich auf Jesus Christus beruft und sein Leben in ihm gegründet sieht, hat Leben, Handeln und Botschaft des Nazareners zum Vorbild: Alle Menschen sind gleich geschaffene und gleichermaßen geliebte Geschöpfe Gottes. Alle Menschen sollen in Rücksicht aufeinander leben, sich gegenseitig radikal vergeben und sich den Schwachen, den Machtlosen und Ausgestoßenen der Gesellschaft barmherzig zeigen. Gottes Liebe gilt allen Menschen gleich, er ruft sie alle gleichermaßen aus der Finsternis eines schuldbehafteten Daseins ins Licht seines Reiches der Güte und Gerechtigkeit. Ein aus neutestamentlich-jüdischer Sicht falsch glaubender Mann aus Samaria wird zum ultimativen Vorbild von selbstloser Nächstenliebe, durch sein barmherziges Handeln an einem Israeliten rechten jüdischen Glaubens, der nach einem brutalen Raubüberfall ausgerechnet von Vertretern der höchsten religiösen Autoritäten links liegen gelassen wird. Im Matthäusevangelium werden jene seliggepriesen, die Leid tragen, die sanftmütig und barmherzig sind, die Frieden stiften, die es nach Gerechtigkeit hungert und dürstet. Und jene, die einem armen, kranken oder ausgestoßenen Menschen einen Dienst der Nächstenliebe erweisen, haben Zugang zur göttlichen Herrlichkeit, während alle, die sich auf ihre Frömmigkeit berufen, deren Glauben aber keine Konsequenzen im zwischenmenschlichen Handeln erkennen lässt, außen vor bleiben. Jesus zitiert bei seinem ersten öffentlichen Auftritt im Lukasevangelium den Propheten Jesaja und kündigt die frohe, *befreiende* Nachricht für alle Gefangenen, Armen, Blinden und Niedergeschlagenen an. Jesus als Mittelpunkt des persönlichen Glaubens lässt also keine Zweifel zu, wie recht-schaffenes, gottgefälliges Handeln auszusehen hat. Seine Botschaft ist deswegen auch keine jenseitig-vertröstende, und sie ist keines-wegs ein auf das Bekenntnis zu einem drohenden Richtergott zie-lendes Manifest einer neuen Glaubensrichtung. Sein liebend-liebevolles Handeln war unmittelbar sichtbar und ruft seither alle Menschen ebenfalls zum unmittelbaren, gerechten, barmherzigen, liebevollen Handeln auf.

Der Blick auf das Alte Testament als Grundlage des jüdischen Glaubens – und damit auch der theologischen Verortung Jesu – mag da etwas undurchsichtiger erscheinen, doch auch in den Ge-boten, die dem Volk Israel aufgelegt wurden, sowie in den mah-nenden Reden der alttestamentlichen Propheten wird offensicht-lich, dass der Gott der Bibel stets von den Menschen forderte, Ge-rechtigkeit und Barmherzigkeit zu üben. Nur dies sei ein „gottge-fälliges" Leben, nur so sehe ein rechter *Gottes-Dienst* aus. Der Pro-phet Jesaja, in dessen Buch das Wort „Gerechtigkeit" mehr als fünfzig Mal fällt, nennt es ein „gottgefälliges Fasten", wenn mit dem Hungrigen das Brot gebrochen wird und die Elenden und Obdachlosen mit nach Hause genommen und gekleidet werden. Der Prophet Hesekiel spricht davon, dass einem Gottlosen allein die Umkehr hin zu Recht und Gerechtigkeit angerechnet werden soll, allen Boshaftigkeiten zum Trotz, die er in seinem Leben zuvor begangen hat. Im babylonischen Exil ermahnt der Prophet Daniel den König Nebukadnezar, der ihn zur Deutung eines Traumes befragen ließ: „Mache dich los und ledig von deinen Sünden durch Gerechtigkeit und von deiner Missetat durch Wohltat an den Ar-men, so wird es dir lange wohlergehen."[32] Und der Prophet Amos spricht vom Ekel Gottes vor fetten Speise- und Trankopfern und seiner Abneigung allem Lobpreisgeträller gegenüber, wenn nicht

---

[32] Daniel 4, 24 (Lutherbibel, 1984 revidierte Fassung)

„Recht wie Wasser und Gerechtigkeit wie ein nie versiegender Bach" flössen.[33]

Unsere Glaubensgrundlagen geben uns Christen also eine klare Handlungsorientierung. Dies ist von unschätzbarem Wert in einer Welt, in der sich scheinbar alles relativieren und jegliches Erfolgsrezept auf irgendeine Weise rechtfertigen lässt. In der ethisch-moralisch unübersichtlich gewordenen Gegenwart sind die Kirchen darüber hinaus eine der ganz wenigen gesellschaftlichen Gruppierungen, die aus ihrem Selbstverständnis heraus für Politik, Wirtschaft und Gemeinwesen moralische Leitlinien vorgeben und Ansprüche erheben können – weil sie selbst diese Leitlinien besitzen und sich zudem an ihren eigenen Ansprüchen messen lassen müssen! Wie auch immer man zur Frage der deutschen Flüchtlingspolitik im Sommer 2015 stehen mag, für die Kirchen in Deutschland war diese Zeit eine Sternstunde (gelegentlich unreflektiertem Übereifer in den eigenen Reihen zum Trotz): gegen alle Widerstände durchgehaltene Kirchenasyle unter hohem persönlichen Einsatz der Gemeindeglieder, mahnende Worte an die deutsche und europäische Politik, klare Abgrenzung zur parallel erstarkenden Neu-Rechten durch den beharrlich wiederholten Verweis auf das Gebot christlicher Nächstenliebe – glaubwürdiger und gesellschaftlich relevanter war Kirche hierzulande schon lange nicht mehr. Wenn Worte und Taten deckungsgleich sind, muss sich in Kirchenkreisen niemand vorwerfen lassen, einfach nur bequem

---

[33] Bemerkenswert realitätsbezogen fällt die Kritik des Propheten Amos am Handelstreiben seiner Zeitgenossen aus: „Hört zu, die ihr die Armen unterdrückt und die Bedürftigen zugrunde richtet. Ihr sagt: „Wann ist die Sabbatruhe bloß vorüber, damit wir die Kornspeicher wieder öffnen und Getreide verkaufen können? Dann treiben wir den Preis in die Höhe. [...] Auch die Waage selbst stellen wir falsch ein. Bestimmt können wir sogar noch den Getreideabfall verkaufen." Wer euch Geld schuldet, den macht ihr zum Sklaven [...]. Der HERR aber, dessen Namen ihr so stolz im Mund führt, hat sich geschworen: Niemals werde ich vergessen, was sie getan haben!" (Hoffnung für alle, 2002)

gesinnungsethische Parolen artikuliert zu haben, während andere die Situation ausbaden durften. Auch die übergreifenden Allianzen zwischen Glaubenden und Nicht-Christen bzw. Anhängern anderer Glaubensrichtungen in Sachen Flüchtlingsarbeit, aber natürlich auch schon seit je her in anderen sozialen Bereichen, macht christliches Handeln erst wirklich glaubwürdig. Selbstloses Handeln braucht schließlich keinen frommen Anstrich oder versteckte missionarische Zielsetzungen.

Und eben *weil* wir Angehörige der christlichen Gemeinschaft eine so klare Leitlinie haben, haben wir noch weniger Ausreden und müssen uns noch härterer Kritik stellen als alle anderen. Von der historischen Schuld der sich ausbreitenden christlichen Weltkirche ganz abgesehen (auf die wir gleich noch zu sprechen kommen), haben besonders wir Christen in den reichen westlichen Ländern allen Grund zur Demut und Reue: Während wir Woche für Woche in unseren Gemeindegottesdiensten ermutigenden und inspirierenden Worten lauschen und uns immer wieder neu des uns geschenkten Seelenheils vergewissern, bleiben wir in den sich daraus ergebenden praktischen Konsequenzen für unseren Alltag oftmals erschreckend nachlässig. Wir wollen uns Gottes umfassende Liebe zusprechen lassen, wir lernen immer wieder aufs Neue, dass diese Liebe durch *uns* auch anderen Menschen, ja *allen* Menschen zukommen soll – doch unser Glaube trägt, seien wir ehrlich, nur selten bleibende Frucht. Er ist gesellschaftlich viel zu häufig irrelevant und unbemerkbar. Wer Jesus aber wirklich ernst nehmen will, wer ihn zum Mittelpunkt des persönlichen Glaubenslebens gewählt hat, kann nicht einfach nur reklamieren, Christus habe uns unsere individuelle Schuld genommen, und damit sei in den Augen Gottes alles Wesentliche erledigt. Wer Jesus als Gottes Gesandten ernst nehmen will, als jenen, der uns gezeigt hat, wie Gott *ist*, der uns in Gottes Herz blicken lässt, der muss sich an Jesu *Handeln* orientieren! Und auch wenn einer der großen Irrtümer zu Jesu Lebenszeit war, ihn als politischen Revolutionär zu verstehen, der die Israeliten von der römischen Fremdherrschaft befreien würde, ist eines ganz klar: Aus gesellschaftlicher Sicht seiner Zeit ist Jesus von Nazareth enorm politisch gewesen! Er rief Menschen dazu auf, seinem Beispiel gelebter Nächstenliebe zu folgen und es ihm gleichzutun. Menschen, die aus gesellschaftlicher Sicht aufgrund ihres Verhaltens oder ihrer Biographie nicht zur Gemeinschaft gehören durften, lud er ohne Vorbehalte ein. Aussätzigen, also unreinen Menschen, die in den Augen der Mehrheit eine verdiente göttliche Strafe verbüßten, kam er nahe, berührte und heilte sie. Es gab für ihn keinen Unterschied zwischen einem frommen jüdischen Bürger, einem politischen Feind (wie einem römischen Hauptmann), einem korrupten Zolleinnehmer oder einer Prostituierten: Sie alle waren aus seiner Sicht mit göttlich begründeter menschlicher Würde ausgestattet; auch sie waren, ungeachtet ihres Lebenswandels, gleichermaßen „Ebenbilder Gottes". Streng war er in seiner Auffassung nur all jenen gegenüber, die das Volk mit menschlicher Härte und Überheblichkeit in religiöser Unmündigkeit hielten – wobei er sich öffentlichen Diskussionen und persönlichen Einzelgesprächen mit Vertretern der frommen Obrigkeit nicht entzog und somit auch ihnen Wertschätzung und Aufmerksamkeit entgegen brachte. Vorrangig wandte er sich allerdings den sozial Schwachen und gesellschaftlich Minderwertigen zu. Jesus sah es zwar offensichtlich nicht als seinen Auftrag an, das „System" zu stürzen, und doch begann er ganz konkret in Wort und Tat, die neue, gerechte Welt Gottes unter den Menschen aufzubauen und wirkte somit eindeutig gesellschaftspolitisch subversiv. Daher kann es im Blick auf die ersten christlichen Gemeinden (die man aus heutiger politisch konservativer Sicht eindeutig als kommunistische Sekten verunglimpfen würde) gar nicht verwundern, dass das Establishment und die religiöse Obrigkeit erst mit Verwunderung und Häme, kurz darauf aber mit blutiger Verfolgung reagierten. Das, was die urchristlichen Gemeinden noch fernab von jeglichem Pomp und gänzlich ohne hierarchisch-patriarchale Strukturen als Lebensform praktizierten, stellte auch das seinerzeit gängige Gesellschaftsverständnis auf den Kopf: Sämtlicher Besitz wurde geteilt, die sozial Schwachen der Gesellschaft wurden den Wohlhabenden gleichgestellt, Frauen wurden in vielerlei Hinsicht Männern gegenüber als ebenbürtig und gleichberechtigt behandelt. Wieso? Weil Jesus es so vorgelebt hatte, weil er dies als Gottes Willen deutlich machte, als sichtbares und konkretes Zeichen eines auf uneingeschränkter Liebe allen Geschöpfen gegenüber basierenden Lebens.

Was sollte das folglich für uns heute heißen? Dietrich Bonhoeffer brachte es 1935 in einem Brief an seinen Bruder Karl-Friedrich auf den Punkt: „Es gibt doch nun einmal Dinge, für die es sich lohnt, kompromisslos einzustehen. Und mir scheint, der Friede und soziale Gerechtigkeit, oder eigentlich Christus, sei so etwas."[1] Es mag vielen Glaubenden heutzutage unangenehm sein, Jesus Christus so politisch interpretiert zu sehen. Aber sich regelmäßig nur der persönlichen, individuellen Erlösung zu vergewissern, zielt eben weitgehend an der Intention und dem gelebten Zeugnis des Nazareners vorbei. In anderen Kulturkreisen, in denen Individualisierung und Egoismus noch nicht dasselbe krankhafte Maß erreicht haben wie im vermeintlich „christlichen" Abendland, wird christlicher Glaube auch völlig anders verstanden und gelebt. In den südamerikanischen Basisgemeinden steht nicht das persönliche Seelenheil maßgeblich im Zentrum, sondern das befreiende Wirken Gottes in der Geschichte. Die Bibel wird aus der konkreten historischen Situation betrachtet, in der die zumeist sozial Ausgestoßenen und von der Weltordnung Benachteiligten leben. Die Verantwortung des Menschen seiner gesamten Umwelt gegenüber wird biblisch begründet, und daraus wiederum werden konkrete Handlungsanweisungen abgeleitet.

Und wir, im reichen „Westen"? Seien wir ehrlich: Wir nehmen Christus nicht mehr ernst und nicht beim Wort, wenn alles, was wir uns vom Glauben an seinen himmlischen Vater versprechen, ist, nach dem Tod ewiges Leben zu erhalten. Christi Wirken war klar diesseitig, wenn auch im Hinblick auf eine jenseitige, bessere Welt, eine vollkommene Welt. „Siehe, ich will ein Neues schaffen, jetzt wächst es auf, erkennt ihr's denn nicht?"[34] In einem Kommentar in der freikirchlichen Zeitschrift *Impulse* zu Nachhaltigkeit und kritisch reflektiertem Konsum schreibt die Autorin über die für sie überraschende Erkenntnis, dass geistliches Leben „politischer und ökologischer ist als ich bisher dachte."[2] Und genau das ist der Punkt.

Gerade weil uns so klare Leitlinien gegeben sind, gerade weil die Frage, was gut und richtig und was böse bzw. falsch ist, für uns Christen so klar beantwortbar ist, gibt es für uns erst recht keine Ausreden in Bezug auf unsere konkrete geschichtliche und gesellschaftliche Verantwortung. Wir können nicht einfach zu Gott beten und dafür danken, dass wir geliebt sind und der Tod für uns nicht das Ende bedeutet, und gleichzeitig konsumieren, reisen, wählen, als hätten unsere Entscheidungen und Handlungen keine weitergehenden Auswirkungen. Gerade *wir* müssen uns doch darüber Gedanken machen, in welchem Zustand wir diese Erde unseren Kindern hinterlassen wollen. Gerade *wir* müssen unsere Konsumentscheidungen doch dahingehend reflektieren, was die Auswirkungen für unsere *Nächsten* sind, die, wie Jesus uns vorgelebt hat, nicht nur in unserem unmittelbaren Familien- und Freundeskreis zu suchen sind, sondern auch dort, wo es uns möglicherweise am meisten widerstrebt. Gerade *uns* muss doch daran gelegen sein, dass Friede herrscht, dass das ultimative Gebot der Selbst- und Nächstenliebe allumfassend verstanden und gelebt wird! Die Zer-

---

[34] Jesaja 43, 19 (Lutherbibel, 1984 revidierte Fassung)

störung der Umwelt und die damit verbundene Einschränkung im Leben von Menschen in ärmeren Gesellschaften muss uns doch empören und zum Widerstand antreiben, während unser persönlicher Anteil an dieser Ungerechtigkeit uns doch die Schamröte ins Gesicht treiben sollte!

Wer sind denn die Propheten unserer Zeit? Wer stellt sich gegen den allgemein hingenommenen Wahnsinn, im Großen und Ganzen müsse es mit unserer Lebensweise doch irgendwie so weitergehen können wie bisher? Wer kann hier mit Vollmacht sprechen, wer macht sich dabei nicht der Heuchelei verdächtig? Wer kann von Politik und Wirtschaft ethisch rücksichtsvolles Handeln fordern, ohne als fremdbeeinflusst zu gelten? Wer steht nicht in der Gefahr, die Wählerschaft zu verprellen, mit Forderungen nach einer ökologischeren Wirtschaftsweise und dem Ende des gedankenlosen Massenkonsums? Es sind wir Christen! Weil wir ein lebendiges Vorbild haben. Weil wir uns auf eine Autorität berufen, die über dem Menschen und außerhalb menschlicher Machstrukturen steht. Weil uns nach dem Propheten Micha „gesagt ist, was gut ist und was der Herr von dir fordert:" Gottes Weisungen als Lebensrichtlinie folgen, dabei ganz konkret Liebe üben, und sich und das eigene Ego nicht als Maß aller Dinge ansehen, sondern demütig bleiben. Weil uns Jesus, den wir als Freund, Bruder, Erlöser ansehen, aufgefordert hat, als Salz und Licht in der Welt sichtbar zu werden, „damit die Leute eure guten Werke sehen und euren Vater im Himmel preisen."[35] Hierbei kann es selbstredend nicht um einzelne symbolische Taten gehen. Auch das vorbildliche diakonische Wirken zahlloser christlicher Organisationen und Einzelpersonen ist nur der erste Schritt einer umfassenden, gesellschaftlich wirkungsvollen Umkehr. Sämtliche Propheten bis hin zu Johannes dem Täufer, und noch radikaler Jesus selbst, forderten eine vollständige

---

[35] Matthäus 5, 16 (Lutherbibel, 1984 revidierte Fassung)

Umkehr des Menschen, eine allumfassende Neuausrichtung. Denken und Handeln sollen eine Einheit bilden, mit Glaube, Hoffnung und Liebe als Fundament und Frieden und Gerechtigkeit als sichtbaren Früchten.

Ein kritischer Blick in die Vergangenheit ist notwendig und hilfreich, sowohl die historische Verantwortung der christlichen Kirche zu erkennen als auch den sozialpolitisch revolutionären Charakter von Jesu Wirken und Botschaft klarer zu sehen – woraus sich für uns Christen eindeutige Handlungsnormen herleiten lassen. Es sollte dadurch auch klarer werden, welches Selbstverständnis Kirche heutzutage pflegen sollte, und wo die größten Baustellen zu ihrer Veränderung liegen. Dieser kurze historische Exkurs soll auch aufzeigen, dass eine klare Ausrichtung auf die Prinzipien von Gerechtigkeit und Nachhaltigkeit praktisch in den Wurzeln der Kirche begründet ist:[36]

Zunächst nur in der weltpolitisch unbedeutenden palästinensischen Provinz, kurz darauf aber rasend schnell und in weiten Teilen des Römischen Reiches, verbreitete sich das Evangelium vor zweitausend Jahren durch die ersten christlichen Gemeinden. Auch wenn sich hier und da auch Angehörige der gesellschaftlichen Oberschicht der neuen Glaubensrichtung anschlossen, bestand ein Großteil dieser sich im Einflussbereich Roms ausbreitenden Religion aus Mitgliedern der unterdrückten Gruppen dieses Reiches: Es waren einfache Bauern, Handwerker, Sklaven, Verbannte, Marginalisierte, die den Glauben an Jesus Christus annahmen und diesen Glauben weitergaben. Wichtigstes pastorales Mittel der Missionierung war nach Enrique Dussel dabei das Beispiel gelebter Geschwisterlichkeit. Auch die wenig später aufkommende grausame

---

[36] Ungemein hilfreich für diesen historischen Rückblick war das „Werkbuch Theologie der Befreiung" von Leonardo Boff, Bruno Kern und Andreas Müller.[3]

Verfolgung konnte die Flamme dieses Glaubens der Basis und der Unterschicht nicht auslöschen, die eine für damalige Verhältnisse ungekannte Form von Solidarität und gegenseitiger Rücksichtnahme kennzeichnete.

Einen elementaren Bruch für das christliche Selbstverständnis bedeutete das Dreikaiseredikt aus dem Jahre 380, welches die Religionsfreiheit im Römischen Reich beendete und das Christentum zur Staatsreligion erklärte. Der römische Staat begann, Kontrolle über die Kirche auszuüben. Gleichzeitig erhielt die Kirche vom Staat selbst wirtschaftliche und militärische Unterstützung, um sich als Institution gegen das Volk durchzusetzen. Das christliche Volk, bis zu diesem Zeitpunkt noch Träger des Evangeliums, wurde zum Volk der „Laien" degradiert. Der Staat sorgte dafür, dass die Kirche innerhalb seines Einflussbereiches einzige religiöse Kraft blieb, während die Kirche sich mit der Rechtfertigung der bestehenden sozialen Ordnung revanchierte. Aus einer Bewegung des einfachen Volkes, die sich auf Gottes uneingeschränkte und unteilbare Liebe den Menschen gegenüber berief, wurde ein Machtapparat, eine mal weniger, mal mehr von menschlich-egoistischen Interessen gesteuerte Institution, der sich die Glaubenden unterordnen mussten wie ihrem weltlichen Herrscher, dem Kaiser. Die gesellschaftliche Struktur, die diese Institution stützte, brachte in unterschiedlichen Epochen Unterdrückung und Ausbeutung hervor: zuerst in der feudalen Ordnung Europas, später im Kolonialismus, aus dem in der Neuzeit wiederum der Kapitalismus hervorging.

Das Bestreben der europäischen Großmächte im zweiten Jahrtausend, ihren Macht- und Einflussbereich immer stärker zu erweitern, resultierte 1492 im großen Wendepunkt der Weltgeschichte: der Entdeckung und stückweise Eroberung Amerikas. Dabei kristallisierte sich die Vorgehensweise heraus, der militärischen Eroberung und Unterwerfung der amerikanischen Urvölker deren Missionierung folgen zu lassen. Bei der oftmals gewaltsamen Verbreitung des Christentums arbeiteten die römisch-katholische Kirche und die jeweiligen Staaten Hand in Hand. Anfang des 16. Jahrhunderts entstanden die ersten amerikanischen Diözesen und in Lateinamerika eine kirchliche Hierarchie, mit der Kirche auf der Seite der Herrschenden. Dabei waren Gold, Silber und andere wertvolle Rohstoffe den Eroberern stets mehr wert als das Leben der Ureinwohner, unabhängig davon ob diese nun „bekehrt" wurden oder nicht. Die lateinamerikanische katholische Kirche selbst setzte zahlreiche Indianer- und Negersklaven auf ihren Besitztümern ein. Es gab zwar auch in dieser Kirche Vertreter, die das Unrecht anklagten, wie beispielsweise Bartolomé de Las Casas, der die unterdrückten Urvölker – im Gegensatz zur kirchlichen Obrigkeit – als gleichwertige Menschen ansah und seinen Protest bis nach Rom brachte. Insgesamt blieb das Christentum jedoch Teil dieser gefestigten Strukturen der Unterdrückung.

Der militärischen Eroberung folgte der Merkantilismus, also die wirtschaftliche Ausbeutung der neuen Kolonien durch die absolutistisch regierten, konkurrierenden europäischen Staaten. In ihrem imperialistischen Ausbreitungsdrang waren diese Staaten zugleich von einem missionarischen Sendungsbewusstsein getragen, den sogenannten „wilden" Völkern das Evangelium zu bringen. Auch die Unabhängigkeit der englischen Kolonien in Nordamerika 1776 war von einem messianischen Christentum getragen, das vorherrschende Wirtschaftsverständnis aber bereits vom Freihandelskapitalismus geprägt. Ende des 19. Jahrhunderts begannen die USA, selbst als Kolonialmacht in Erscheinung zu treten und ihren Einfluss in Richtung Süden auszudehnen. Protestantischer Missionsgeist, nationales Sendungsbewusstsein und materielles Interesse bildeten die Motivationseinheit, die Karibik und Lateinamerika zum vielzitierten „Hinterhof" der USA zu machen. Dieses Sendungsbewusstsein einer imperialistischen, amerikanisch-europäischen Expansion wurde auf perverse Weise im Namen des Christentums legitimiert und zog bis zum 20. Jahrhundert die fast vollständige Unterwerfung aller Völker der globalen Peripherie, also die Völker Asiens, Afrikas, Amerikas und Ozeaniens nach sich, die nicht nur militärisch und wirtschaftlich beherrscht, sondern auch um ihr reiches kulturelles Erbe, ja in Teilen vollständig um ihre kulturelle Identität gebracht wurden. Die christliche Kirche war dem Staat auch dabei dienlich, bei den unterworfenen Völkern Gehorsam gegenüber diesem Staat und die Hinnahme der herrschenden sozialen Ordnung zu fordern, ja sogar biblisch zu rechtfertigen, einzelnen großmütigen Missionsanstrengungen und der Naivität vieler Missionare ob der Bedeutung ihrer Arbeit zum Trotz.

Die einst mit völlig anderen Intentionen gestartete christliche Bewegung wurde also schon früh von weltlichen Mächten vereinnahmt und war somit in den vergangenen Jahrhunderten mitverantwortlich für den Schaden, den diese Mächte angerichtet haben. Während in den meisten kolonialisierten Ländern seit dem 19. Jahrhundert ein Befreiungsprozess eingesetzt hat, der nicht nur staatlich-politische Unabhängigkeit, sondern auch Befreiung aus der völligen wirtschaftlichen Abhängigkeit von den früheren Kolonialmächten zum Ziel hat, stellt sich für uns Christen in den reichen, kapitalistisch-imperialistisch agierenden Ländern heute die Frage: Sollte die Kirche nicht zurück zu ihrem Ursprung vor der Vereinnahmung durch staatliche Macht?

Während in den 60er Jahren des 20. Jahrhunderts viele Länder des globalen Südens rücksichtslos und ungefragt von großen internationalen Konzernen „entwickelt" wurden, was zu massiven gesellschaftlichen Verwerfungen und zur Installation zahlreicher diktatorischer Regime führte, um den Widerstand gegen die Ausbeutung zu brechen, begannen sich einzelne Vertreter der katholischen Kirche mit der wachsenden Zahl der Marginalisierten zu solidarisieren. Entgegen den Anweisungen aus Rom förderten diese Bischöfe das Entstehen einer breiten Basiskirche und trieben gemeinsam mit dieser Kirche des Volkes eine kritische Analyse der gesellschaftlichen und sozialen Problemfelder voran. Deren Hauptursache wurde in einer nun weniger militärischen, dafür stärker wirtschaftlichen imperialistischen Einflussnahme von Ländern des globalen Nordens erkannt. Aus dieser neuen, historisch-kritischen theologischen Ausrichtung entstand die sogenannte *Theologie der Befreiung*: Ihre Vertreter begannen, die Bibel auf neue Weise zu lesen: vom Standpunkt der Unterdrückten aus, mit dem Akzent auf allem, was die Bibel über Befreiung sagt – wie etwa die Bedeutung des Loskaufes der Armen, der befreiende Sinn des Handelns Jesu, die Befreiung aus Ägypten, die die Parteinahme Gottes für die Unterdrückten zeigt, und so weiter. Viele ihrer Vertreter bezahlten ihren Einsatz für die Entrechteten mit ihrem Leben: Paramilitärs und Killerkommandos machten auch vor Kirchentüren nicht Halt und erschossen beispielsweise den salvadorianischen Erzbischof Óscar Romero während eines Gottesdienstes, weil er sich offen gegen die Unterdrückung der Armen und damit gegen die korrupte politisch-wirtschaftliche Oberschicht seines Landes gewandt hatte. Diese Basiskirche stellte sich also mit aller Macht und mit letzter Konsequenz sowohl ihrer historischen Verantwortung als auch der Verantwortung, die jeder Mensch, und besonders jeder Christenmensch, seinen Mitmenschen gegenüber trägt. Die Kritik und der Widerstand gegen die Auswüchse des Kapitalismus ist für die Befreiungstheologen dabei nicht einfach irgendeine sozialethische Frage neben anderen. Es steht damit die Frage nach Gott selbst auf dem Spiel! „Der Absolutheitsanspruch des Götzen Mammon steht im Widerspruch zum Bekenntnis des Herrn von Welt und Geschichte, der sich als der erwiesen hat, der für die Schwachen Partei ergreift", wie es bei Jorge Pixley heißt.[3] Der Ort der Kirche, um Jesus authentisch zu verkünden, ist folglich nicht derjenige der Macht, sondern derjenige der Schwachheit und der Unterdrückten.

Zurück also zur eingangs erwähnten Feststellung, ein christliches Glaubensleben könne sich nicht nur auf die geistliche Ebene beschränken. Aus der historischen Verantwortung sowie der unserem Glauben immanenten Richtlinien leiten sich folgende Fragen für die Christenheit in den reichen Ländern ab: Wie kann man Christ sein und in einer Welt voller Elend gleichgültig bleiben? Wie können wir in einer Welt, in der Menschen im Elend leben, Christen sein? Und es folgt daraus eine harte Schlussfolgerung, die der harschen Kritik von Johannes dem Täufer in nichts nachsteht: Neutralität ist angesichts der ungerechten Strukturen nicht möglich. Wer schweigt, stimmt den Herrschenden zu. Wer schweigt, akzeptiert ein gewachsenes System weltumspannender Ungerechtigkeit. Eine umfassende, konsequente Umkehr ist notwendig! Es ist für einen Christen nicht möglich zu sagen, er lebe auf der Ebene der Befreiung von der Sünde, auf der Ebene der Gotteskindschaft und Geschwisterlichkeit, wenn er sich für die wirtschaftliche, soziale und politische Befreiung nicht interessiert. Das passt nicht zusammen! Die Befreiung durch Christus vollzieht sich in der Geschichte und nicht erst im Jenseits (ihre vollkommene Verwirklichung wiederum übersteigt die Geschichte, aber tiefer in diese theologischen Aspekte können wir hier nicht einsteigen). Es ist die Befreiung durch Christus, wenn die Menschen auf wirtschaftlicher, sozialer, kultureller und politischer Ebene als Geschwister leben. Oder, frei nach Martin Luther King: Es reicht nicht, dem unter die Räuber gefallenen Wanderer auf der Straße nach Jericho zu helfen – die ganze Straße, die ganze ursächliche Situation muss geändert werden, damit überhaupt niemand mehr ausgeraubt wird!

Was dies praktisch für jeden Einzelnen bedeuten kann, soll noch zur Sprache kommen. Wichtig ist an dieser Stelle vor allem, nicht bei (Kirchen-)Kritik stehen zu bleiben. So wie die Befreiungstheologen die Notwendigkeit der Säkularisierung des gesellschaftspolitischen Bereiches akzeptierten, so müssen engagierte Christen selbstverständlich an der Veränderung der Verhältnisse mit allen zusammenarbeiten, die sich ohne religiöse Begründung dafür entschieden haben. Kirche an der Basis kann sich nicht länger als Hirte und alle anderen als Schafe verstehen. Sie muss durch einzelne Christen in den Organisationen und Initiativen mitarbeiten, die im Sinne von mehr Gleichheit, Freiheit, Gerechtigkeit und Geschwisterlichkeit wirken. Sie alle, gläubig oder nicht, dienen dem Prozess der Befreiung und damit dem Kommen des Reiches Gottes, das an vielen Stellen im Kleinen seinen Anfang nimmt. So sucht die Kirche auch Bündnispartner in den Parteien, Gewerkschaften und Initiativen, die auch den guten Willen haben, diese Welt menschlich und gerecht zu gestalten. Diese Partnerschaft wird die Kirche zwar die Freundschaft mit den Mächtigen kosten – diesen Preis jedoch musste schon Jesus selbst bezahlen. Er sollte der Kirche, um der Befreiung der Armen und um ihrer eigenen Glaubwürdigkeit in der Nachfolge Jesu willen, nicht zu hoch sein. Anders ausgedrückt: Es gibt keine biblisch legitimierbare Alternative zum geduldigen Prozess für Gerechtigkeit, Frieden und die Bewahrung der Schöpfung.

Wie ließe sich eine Kirche, die in der Nachfolge Jesu konsequent und glaubwürdig sein will, charakterisieren? Die folgenden Leitsätze stammen von den Befreiungstheologen Enrique Dussel, Leonardo Boff und Gustavo Gutiérrez:

„Politische Heiligkeit": Solidarität mit den Schwachen, zugleich Überwinden des Hasses gegen Menschen, die für die Verarmungsmechanismen verantwortlich sind. Fähigkeit, über unmittelbare Maßnahmen hinaus auf eine zukünftige Gesellschaft hinzuarbeiten, die noch nicht abzusehen ist und in deren Genuss man vielleicht gar nicht mehr selbst kommt.

„Prophetischer Mut und Geduld": Mut, den Mächtigen entgegen zu treten, Geduld mit den langsamen Schritten des Volkes. Die Fähigkeit, Tod und Auferstehung mit evangelischer Gelassenheit und Heiterkeit entgegentreten.

„Aufgabe jedweder Neutralität": Angesichts der realen gesellschaftlichen Verhältnisse und Gegensätze müssen die Kirche und alle Glaubenden sich entscheiden: Auf welcher Seite steht ihr? Für wen arbeitet ihr? Wem gilt eure erste Sorge? Wem dient euer Geld? Mit wem seid ihr befreundet? Auf wessen Kosten lebt ihr? Ideologische Rechtfertigungsversuche für den Status quo sind von einer biblisch-christlichen Sicht von Mensch, Welt, Geschichte und Gesellschaft her nicht länger möglich.

Die Richtlinien, die uns durch unseren Glauben gegeben sind, machen uns frei von gesellschaftlichen Zwängen und Moden; frei, aufrichtig für Frieden, Gerechtigkeit und die Bewahrung der Schöpfung einzustehen. Diese Freiheit beinhaltet eine Verantwortung, der wir uns nicht entziehen können. Doch dadurch ist uns eindeutig gesagt, was gut ist und was nicht. Darauf können und sollen wir uns mutig berufen. Martin Luther King, der große Sozialrevolutionär, hat zusammengefasst, was die Kirche an vorderster Stelle zu beachten hat:

„Tief verwurzelt in unserem religiösen Erbe ist die Überzeugung, dass jeder Mensch Erbe eines Vermächtnisses von Würde und Wert ist. (…) Es gibt keine abgestufte Skala des wesentlichen Wertes. Jedes menschliche Wesen ist in seiner Persönlichkeit geprägt durch den unauslöschlichen Stempel des Schöpfers. Jeder Mensch muss geachtet werden, weil Gott ihn liebt. Der Wert eines Individuums liegt nicht in dem Maß seines Intellekts, seiner rassischen Herkunft oder seiner sozialen Stellung – ein Einzelner hat Wert, weil er Wert vor Gott hat."[4]

Diesen *Wert vor Gott* können wir also nicht nur Einzelnen zusprechen – er gilt allen Menschen, seien sie nun Teil unseres persönlichen Umfelds oder nicht, Teil oder nicht Teil unserer Glaubensgemeinschaft, Teil unserer Nachbarschaft oder uns gänzlich unbekannt. Die Verantwortung, die wir Menschen füreinander tragen, können gerade wir Christen nicht einfach nur zur Kenntnis nehmen. Um noch einmal mit Martin Luther King zu sprechen:

„Jede Religion, die behauptet, sie kümmere sich um die Seele des Menschen, und sich nicht kümmert um die Slums, in denen die Menschen zugrunde gehen, um die wirtschaftlichen Verhältnisse, die ihnen den Hals zuschnüren, und um die sozialen Verhältnisse, die sie lähmen – eine solche Religion ist eine saft- und kraftlose Religion."[4]

Teil IV – Befreiendes Handeln

7. Gelebte Utopie

„Das Recht auf Privateigentum macht es zum Verbrechen, wenn eine arme Person einen Laib Brot stiehlt; für einen reichen Menschen dagegen ist es völlig legal, mehr Nahrungsmittel und andere Ressourcen zu horten, als er oder sie je gebrauchen könnte."
- Albert Nolan

„Jeder ist für alles vor allen verantwortlich."
- Fjodor M. Dostojewski

Bei allen Bestrebungen um Veränderung ist Gewaltlosigkeit als oberste Prämisse anzusehen. Das lässt sich aus unserer bequemen Inselperspektive in den reichen Ländern des globalen Nordens zwar allzu leicht fordern, während viele Menschen in deutlich offensichtlicheren Not- und Unterdrückungslagen die Notwendigkeit einer gewalttätigen, vermeintlich schnelleren Umwälzung als deutlich dringlicher ansehen werden. Für beide Lager muss diese rote Linie aber unter allen Umständen gelten.

Statistisch lässt sich eindeutig belegen, dass gewaltfreie Protestbewegungen und gewaltfrei erkämpfte Regimewechsel im Laufe der Geschichte deutlich erfolgreicher waren als bewaffnete Umstürze.[37] Gegen eine gewaltfreie Protestbewegung findet eine Staatsmacht keine legitimen Mittel der Unterdrückung; der Einsatz von Gewalt gegen friedliche Demonstranten verschafft einer solchen Bewegung nur noch mehr Sympathien in der Bevölkerung. Gewalttätige Umstürze wiederum schaffen praktisch immer ein nachhaltiges Klima des Hasses und anhaltender Spannungen in einer Gesellschaft; oftmals gebar eine vermeintlich erfolgreiche Revolution nur noch größeres Leid und mehr Instabilität, oder ersetzte eine totalitäre Ordnung mittelfristig durch eine andere. Friedliche Protestbewegungen führten hingegen mit großer Mehrheit zu tiefgreifenden Veränderungen, aus denen zwar nicht zwangsläufig immer eine bessere Ordnung entstand, aber zumindest in den meisten Fällen keine Bürgerkriege oder neue Diktaturen hervorgingen und im besten Fall ein Zugewinn an Freiheit für die Mitglieder der jeweiligen Gesellschaft die Folge war.

Auch der Widerstand in unseren reichen Demokratien darf unter keinen Umständen eine gewalttätige Komponente aufweisen. Die bestenfalls halbherzige Abgrenzung linker Fraktionen vor linksradikaler Randale ist nicht nur unter moralischen Gesichtspunkten unverzeihlich, sie schwächt und delegitimiert auch noch den in vielen Fällen sinnvollen Protest gegen die bestehende ungerechte Wirtschaftsordnung. Bei anarchistischen Gruppen wird es niemand hören wollen, aber mit ihren gewalttätigen Aktionen spielen ihre Vertreter den Akteuren von Wirtschafts- und Politikestablishment letztlich sogar in die Hände: So sorgte die Randale beim G20-Gipfel in Hamburg dafür, dass der kreative und bunte Protest der friedlich demonstrierenden Mehrheit völlig hinter den Schlag-

---

[37] Forschungen des *United Institution of Peace* haben ergeben, dass friedliche Protestbewegungen in den vergangenen 100 Jahren doppelt so erfolgreich waren wie gewalttätige Bewegungen; gewaltlose Widerstandsmethoden erhöhen statistisch betrachtet die Wahrscheinlichkeit der Demokratisierung nach dem Sturz eines autoritären Regimes.[1]

zeilen um die Chaosnächte im Schanzenviertel verschwand. Konservative Parteien konnten nun noch vehementer ihre Law-and-Order-Forderungen nach einem harten Durchgreifen gegen die Chaoten laut werden lassen; das an einigen Stellen mindestens fragwürdige Sicherheitskonzept der Polizei und die oftmals unverhältnismäßig harten Einsätze gegen friedliche Demonstranten spielten in der öffentlichen Diskussion keine Rolle mehr. Vor allem aber gerieten die Sachthemen des G20-Gipfels völlig in den Hintergrund; die Medien ließen sich einspannen vom großen Ablenkungsspiel. Ähnlich wie bei traditionell diskret während Fußballweltmeisterschaften durchgewunkenen brisanten Parlamentsentscheidungen, konnten die G20-Akteure hinter dem Mantel der grellen Schlagzeilen über die Hamburger Straßenschlachten ihren Gipfel abhalten und Beschlüsse fassen, von denen die Öffentlichkeit nichts mehr mitbekam.

Nochmal: Lauter Widerspruch gegen den neoliberalen Mainstream der Eliten, kreativer Protest, natürlich auch ziviler Ungehorsam, all das muss seinen Platz haben dürfen in einer demokratischen Gesellschaft. Gewalt darf unter keinen Umständen eingesetzt werden, egal wie legitim die Ziele der sie anwendenden Bewegung auch sein mögen. Nelson Mandela und seine Mitstreiter hatten wiederholt harte Auseinandersetzungen zu führen mit radikaleren Befreiungskämpfern, die auch Gewaltakte für den Kampf gegen die Apartheid als notwendig ansahen. Nach mehrfacher massiver Gewaltanwendung durch Ordnungskräfte gegen friedliche Demonstranten stimmte Mandela schließlich Sabotage an der Infrastruktur des südafrikanischen Regimes zu – eine sicherlich grenzwertige Entscheidung, da Sabotage kaum möglich war, ohne auch Menschen zu Schaden kommen zu lassen. Zum Ende der Apartheid trugen Sabotageakte allerdings weniger bei als der zunehmende gesellschaftliche und internationale Druck auf die südafrikanische Regierung sowie Mandelas Beharrlichkeit und integere Unnachgiebigkeit während seiner Gefangenschaft. Als Vertreter gewaltfreier Gesellschaftsveränderung muss man sich zwar auch der Frage stellen, ob die Anschläge auf Adolf Hitler und seine Führungsriege nicht legitim waren, angesichts der horrenden Zahl der Menschenleben, die die Politik des Dritten Reiches zu verantworten hatte. Doch ohne diese Frage eindeutig beantworten zu müssen: Glücklicherweise stehen wir, bei allem Ernst der aktuellen ökologischen und sozialen Lage, nicht im Kampf gegen die Terrorherrschaft eines einzelnen Regimes. Das System, das unsere Gesellschaften beherrscht, bietet gewalttätigen Veränderungsversuchen ohnehin keine Angriffsfläche. Die Vertreter dieses Establishments sind größtenteils unsichtbar, sie besetzen nur selten öffentlichkeitswirksame Positionen bzw. scheuen die Öffentlichkeit weitgehend. Die neoliberale, rein am Profit orientierte Denkweise ist wiederum in den Köpfen der meisten Wirtschaftsvertreter etabliert und erscheint auch einem Großteil unserer Gesellschaft als geradezu naturgegeben – kein Wunder, wird als einzige Alternative in der medialen Öffentlichkeit auch nur der totalitäre Steinzeitkommunismus der Sowjetunion diskutiert. Demokratischer Sozialismus, wie ihn beispielsweise Bernie Sanders in seinen Wahlkämpfen um die US-Präsidentschaftskandidatur 2016 und 2020 proklamierte, findet keine größere Öffentlichkeit, oder wird diffamierend mit dem Staatskommunismus des 20. Jahrhunderts gleichgestellt. Dieses Denkmonopol aufzubrechen, dazu bedarf es bei uns Widerstand auf allen Ebenen, bevor das vorherrschende Leitbild eines verselbständigten Egoismus Natur und Gesellschaften vollends zugrunde richtet. Dass Menschen unter der Knute menschenfeindlicher Regime jedes Maß an zivilem Ungehorsam und die Verteidigung des eigenen Lebens zugestanden werden müssen, sehe ich dabei als selbstverständlich an. Gewaltfreiheit sollte aber stets als Handlungsmaxime gelten, um die eigene moralische Integrität und die der vertretenen Ansprüche nicht aufs Spiel zu setzen.

Einer der weltweit prominentesten Vertreter einer gewaltfreien Widerstandsbewegung war der US-amerikanische Pastor, Bürgerrechtler und Friedensnobelpreisträger Martin Luther King. Fälschlicherweise wird King heutzutage in erster Linie als Kämpfer für die Rechte der afroamerikanischen US-Bevölkerung angesehen und wird auf diese Weise auch gerne für die folkloristisch-patriotische Innenpropaganda seines Landes benutzt. Mitunter auch bewusst unter den Teppich gekehrt wird dabei die Tatsache, dass King viel radikaler und sein Widerstand viel umfassender war, als die gängigen Geschichtsbücher lehren. Zeit seines Wirkens war Martin Luther King ein Kämpfer für soziale Gerechtigkeit, für allumfassende Befreiung unterdrückter Bevölkerungsschichten. Es ging ihm (und der von ihm angeführten Protestbewegung) zwar zunächst um die rechtliche Gleichstellung der afroamerikanischen Minderheit, doch äußerte King sich auch unmissverständlich darüber, dass die Schwarzen nur eine unterprivilegierte Gruppe neben vielen anderen darstellten: weiße Absteiger aus der Mittelschicht, Sozialhilfeempfängerinnen, ausgeplünderte Indianer, gedemütigte Hispanics. Von seiner „Poor People's Campaign" des Jahres 1968 weiß heutzutage fast niemand mehr. Dabei beinhaltete diese die Forderung nach einer radikalen Verfassungsrevolution: Unter anderem ging es ihm um ökonomische Grundrechte für die sozial Schwachen, einen gesetzlichen Mindestlohn, staatliche Beschäftigungsprogramme und sozialen Wohnungsbau. Im Rahmen dieser Kampagne wies die National Welfare Rights Organisation nachdrücklich auf die engen Zusammenhänge der verschiedenen Formen der Unterdrückung hin, ebenso wie auf die ihnen zugrunde liegenden, selben Ursachen. Weil Unterdrückungsformen nach Klasse, Geschlecht oder Rasse letztlich fast immer ineinandergreifen, war die logische Folge für Martin Luther King der Aufruf zur alle Klassengrenzen überschreitenden Solidarität. Kurz vor seiner Ermordung sprach er in einem Interview mit der New York Times offen aus, dass er einen „Klassenkampf" führe. Schon bevor Rosa Parks Weigerung, in einem Bus in Montgomery ihrem Platz einem Weißen abzutreten, zu den von Martin Luther King geführten Protesten führte, geißelte dieser den Kapitalismus und die durch ihn verursachten sozialen Verwerfungen. Und 1967 stellte er die Frage: „Warum gibt es in Amerika 40 Millionen Arme? Wenn ihr euch das fragt, stellt ihr die Frage nach dem Wirtschaftssystem und nach einer breiteren Verteilung des Wohlstandes. Ihr werdet euch fragen: Wem gehört das Öl? Wem gehört das Eisenerz?" King machte damit deutlich, dass ungerechte Herrschaftspolitik nicht auf die Verweigerung des Wahlrechts oder die Rassentrennung beschränkt ist. Vielmehr handele es sich um eine de facto organisierte wirtschaftliche Unterwerfung, die aus seiner Sicht nur beendet werden kann, wenn sich Entrechtete und Andersdenkende mit zivilem Ungehorsam zur Wehr setzen und alle revolutionären Kräfte gemeinsam eine neue demokratische Idee erfinden.

King forderte eine „Politik der Liebe" und rief eine Widerstandsbewegung ins Leben, die im Kern friedlich war, aber mittels zivilen Ungehorsams unzweifelhaft die Konfrontation suchte. Gewaltfreie Aktionen sollten die öffentliche Ordnung stören, damit die Schwächsten ein Mitspracherecht erhielten. Seine erste Pfarrstelle trat King in Montgomery, Alabama an, einer mittelgroßen Stadt, deren Bevölkerung zu etwa einem Drittel Schwarze waren, die hier, im Süden des Landes, in ihrem Alltag zahlreichen diskriminierenden Regelungen unterworfen waren. Dort trat Rosa Parks 1955 mit ihrer berühmt gewordenen Weigerung eine Welle von Protesten und Aktionen zivilen Ungehorsams los. Schwarze Pastoren unterstützten den gewaltfreien Boykott der Buslinien Montgomerys; Martin Luther King führte den Protest als Präsident der „Montgomery Improvement Association" fort - und wurde landesweit berühmt, als er nach einem Bombenanschlag auf sein Haus sämtliche Schusswaffen abgab und öffentlich Vergebung und

Gewaltfreiheit einforderte. Gewaltfreiheit verstand er als „Christentum in Aktion": „Der Geist und die Beweggründe kamen von Christus, während die Methode von Gandhi kam. (...) Gandhi war wahrscheinlich der erste Mensch in der Geschichte, der Jesu Ethik der Liebe über die bloße Wechselwirkung zwischen einzelnen Menschen hinaus zu einer wirksamen sozialen Macht in großem Maßstab erhob." Kings Ziel war, durch gewaltfreie Aktionen den Teufelskreis der Gewalt zu durchbrechen und den Gegner in einen politischen Lernprozess zu zwingen – ganz im Sinne Mahatma Gandhis, dessen beharrlicher gewaltloser Protest sein Land schließlich zur Unabhängigkeit führte.

1960 wurde King Hilfspfarrer an der Ebenezer Baptist Church in Atlanta und verstärkte dort sein bürgerrechtliches Engagement: Er war in den folgenden Jahren beteiligt an mehreren gewaltfreien Protestaktionen, wurde mehrfach verhaftet, doch vor allem der „Marsch auf Washington für Jobs und Freiheit" 1963 setzte ein unübersehbares Zeichen in seinem Kampf für soziale Gerechtigkeit, über den Einsatz für die diskriminierte schwarze Bevölkerung des Landes hinaus. Über 200.000 Menschen nahmen an dieser Veranstaltung teil, während der King seinen berühmt gewordenen „Traum" beschwor: „Ich habe einen Traum, dass sich diese Nation eines Tages erheben wird und der wahren Bedeutung ihres Credos gemäß leben wird: ‚Wir halten diese Wahrheit für selbstverständlich: dass alle Menschen gleich geschaffen sind.'"

Kings Schaffen war keineswegs ausschließlich von Erfolg gekrönt: Auch in den 60er Jahren verschlechterte sich die wirtschaftlich-soziale Situation der schwarzen Bevölkerung, allen Erfolgen im Kampf gegen die Rassentrennung zum Trotz. Als King den Schwerpunkt seiner Kritik vom Problem des Rassismus auf das Problem der Armut verlagerte, sank sein gesellschaftliches Ansehen rasch. Seine „Poor People's Campaign", die für 1968 geplante umfassende Aktionen zivilen Ungehorsams zur Verbesserung der

Situation *aller* armen Bevölkerungsschichten durchführen sollte, stieß auf erbitterten Widerstand und verlief sich nach seiner Ermordung weitgehend wirkungslos. Ganz grundsätzlich war sich King auch im Klaren darüber, dass das Problem der Armut internationale Dimensionen hatte. Seine Forderung nach einer „Revolution der Werte in den westlichen Industrienationen" klingt heute aktueller denn je, verhallte zu seiner Zeit jedoch weitgehend ungehört. Dass für ihn Rassismus, Armut und Krieg in engem Zusammenhang standen, machte ihn zu einem der schärfsten Kritiker des Vietnamkrieges, was ihm auch in den Reihen der Bürgerrechtsbewegung Kritik und von politischer Seite den Vorwurf des Landesverrats einbrachte. Über 50 Anschlagspläne wurden Zeit seines Wirkens vom FBI gegen Martin Luther King registriert, wobei sich auch FBI-Chef Hoover hartnäckig darum bemühte, King als „Kommunisten" zu diskreditieren. Auch persönlich stark angefochten und von Depressionen gepeinigt, war er alles andere als der strahlende Held einer um Befreiung ringenden Bürgerbewegung. Gerade aber *weil* er so kompromisslos für Freiheit und Gerechtigkeit eintrat, *weil* er sich nicht einspannen und zähmen ließ von mäßigenden Stimmen, die letztlich den Status quo verteidigten, ist Martin Luther King in seinem Denken und seiner Philosophie eines der wichtigsten Vorbilder für Bewegungen unserer Zeit, die einen gesellschaftlichen Wandel bewirken wollen. Manch essenzielle, unbequeme Wahrheit wird in einem nach außen hin harmonischen Gesellschaftsgefüge gerne unter den Teppich gekehrt. Den Finger in die Wunde zu legen, und wenn nötig mit massivem öffentlichem Druck die Konfrontation zu suchen, lehrt uns sein Beispiel. Gewaltfreiheit in allen Bereichen menschlicher Konflikte umzusetzen war für ihn unabdingbar, die Bergpredigt folglich kein romantisch-illusionärer, utopischer Text, sondern eine klare Handlungsanweisung, die keine Kompromisse mit den gesellschaftlichen Unterdrückungs- und Gewaltstrukturen zulässt.

Wie Heinrich Grosse im Vorwort seines Lesebuches mit Kings Reden schreibt: „Das eindrucksvolle Lebenszeugnis Martin Luther Kings ermutigt uns, in den Konflikten unserer Gegenwart der Versuchung zu Anpassung oder Schweigen zu widerstehen und stattdessen schöpferische Unangepasstheit zu wagen und Zivilcourage zu zeigen."[2]

Der Widerstand der afroamerikanischen Bürgerrechtsbewegung fand statt in einem der reichsten Länder der Erde, in dem ein kleiner Teil der Bevölkerung die überwältigende Mehrheit des Wohlstandes besaß und besitzt. Während der schwarzen Bevölkerung auf dem Papier schließlich gleiche Rechte gewährt wurden, leidet sie auch heute immer noch unter willkürlicher Polizeigewalt, Ghettoisierung, unwürdigen Löhnen und schlechteren Bildungsmöglichkeiten. Noch perspektivloser lebt in den USA die Minderheit der früheren Ureinwohner: nach der Eroberung des Landes durch die europäischen Siedler entrechtet und lange Zeit jeglicher Teilhabe am gesellschaftlichen Leben beraubt. Der niedrige Bildungsgrad der Native Americans, hohe Arbeitslosigkeit und die häufige Drogenproblematik in den Reservaten sind die heute noch sichtbaren Spätfolgen der kolonialistisch-imperialistischen Unterdrückungspolitik. Gemeinsam mit anderen Minderheiten ist ihnen das Fehlen von Aufstiegsmöglichkeiten und Teilhabe am wirtschaftlichen Wohlstand der Nation, in der sie heute leben. Von universaler Gleichheit aller Menschen, wie in der Unabhängigkeitserklärung der USA proklamiert wurde, können die Nachfahren der nordamerikanischen Ureinwohner nur träumen. Selbst die kärglichen Reservate, die ihnen zugewiesen wurden, werden überdies noch rücksichtslos für den Abbau problematischer Rohstoffe wie Uran oder für die Ölsandgewinnung genutzt – mit irreparablen Folgen für Gesundheit und Umwelt.[38] Mit der Gleichberechtigung ernst zu machen und die unterdrückten Bevölkerungsschichten teilhaben zu lassen am Wohlstand des Landes, hieße für die Vereinigten Staaten, eine radikal andere Politik zu betreiben. Mit dem de facto Recht des Stärkeren, das der Neoliberalismus aufstellt, müsste Schluss sein. Das dieser Denkweise absolut heilige Recht auf Eigentum müsste ganz neu diskutiert und definiert werden. Progressive demokratische Politiker wie Bernie Sanders haben diese Zusammenhänge bereits vor Jahren klar aufgezeigt, konnten sich damit im etablierten Politbetrieb ihrer Partei bislang aber nicht durchsetzen.

Südlich des mächtigsten Landes der Erde befinden sich auf der Landkarte indes zahlreiche Nationen, die in den vergangenen fünfhundert Jahren gewaltsam von der kolonialistisch-imperialistischen Politik Europas und der USA geprägt wurden. Seit dem 20. Jahrhundert werden diese Länder in noch drastischerem Maße als Quelle begehrter Rohstoffe ausgebeutet und für flächendeckende industrielle Land- und Viehwirtschaft kultiviert. Die versprochene wirtschaftliche Entwicklung durch Industrialisierung und intensiver Bewirtschaftung hatte letzten Endes aber nur die Bildung einer reichen und korrupten Elite zur Folge, während weite Teile der Bevölkerungen weiterhin in Armut leben und oftmals unter erbärmlichen Bedingungen für die international verflochtenen Konzerne schuften müssen.

---

[38] Bei der Diskussion um das Für und Wider der zivilen Kernkraftnutzung wird meist unter den Teppich gekehrt, dass bereits die Gewinnung von Uranerz mit massiven Folgen für Mensch und Umwelt einhergeht. 70% des weltweiten Urans stammt vom Land indigener Völker. Abgesehen von der BRD hat weltweit kein einziges Land seine aufgegebenen Uranminen saniert. Die Hinterlassenschaften der Förderung – in der Regel gefährlicher als das gewonnene Uran – verseuchen großflächig das Abbaugebiet und führen zu verheerenden gesundheitlichen Schäden der lokalen Bevölkerung.[3]

Die in befreiungstheologischen Kreisen entwickelte Dependenztheorie besagt, dass die Unterentwicklung der armen und die Prosperität der reichen Länder zwei Seiten desselben Prozesses sind. Unterentwicklung sei das historische Produkt der Abhängigkeit von den reichen Industrienationen seit der Kolonialzeit. Letztere sind darauf angewiesen, andere Länder ökonomisch auszubeuten: billige Produkte, Rohstoffe, billige Arbeitskräfte. Daher ist in den Ländern des globalen Südens „Armut nicht Zufall, sondern das Ergebnis wirtschaftlicher, sozialer, politischer Gegebenheiten und Strukturen."[39] Entsprechend sind die heutzutage am stärksten unterdrückten gesellschaftlichen Gruppen der Weltbevölkerung die Ureinwohner ehemals kolonialisierter Nationen: Seit der Eroberung ihrer Länder wurden sie konsequent von wirtschaftlicher Entwicklung und Wohlstand ausgeschlossen. Über Jahrzehnte hinweg wurden sie wiederkehrend durch diktatorische Regime unterdrückt, die die neoliberale Ausbeutung förderten und den dabei entstehenden Reichtum in die eigene Tasche wirtschafteten. So entstanden korrupte und mafiöse Strukturen, die auch zum jetzigen Zeitpunkt, wo die meisten dieser Länder politisch unabhängig sind, nachhaltige wirtschaftliche Entwicklungen verhindern. Die Armen verharren in ihrer Armut, jeglicher Möglichkeit beraubt, ihr zu entkommen. Oder, wie Jean Ziegler, der ehemalige UN-Sonderberichterstatter für das Recht auf Nahrung, mehrfach angeprangert hat: Es gibt einen Teil der Weltbevölkerung, der für die kapitalistischen Prozesse wertlos ist. Durch die Akkumulation des Kapitals seit der Industrialisierung und durch die wirtschaftliche Entwicklung ihrer Länder fallen diese Menschen durchs Raster. Sie sind nicht mehr wert als Müll, sie spielen für die globalen Großkonzerne keine Rolle, noch nicht einmal als Konsumenten

---

[39] Aus dem Schlussdokument der dritten Generalversammlung des lateinamerikanischen Episkopats von Puebla, Mexiko, 1979.

werden sie gebraucht. Ihre Länder werden von Europa, den USA und zunehmend auch China als Quellen wertvoller Rohstoffe und zugleich als Müllkippen verwendet. Für ihr Schicksal ist zwar die Weltwirtschaftsordnung verantwortlich, die von den reichen Ländern durchgesetzt wurde, doch verantwortlich fühlt sich für sie niemand.

Und während das verarmte Proletariat der mestizen Bevölkerung in den südamerikanischen Ländern in Teilen noch Zugang zu Bildung und Arbeit hat, wird vielen indigenen Gemeinden beides verwehrt, wenn sie sich nicht dem scheinbar natürlichen Gang der Dinge fügen, ihren angestammten Lebensraum aufgeben und in die Arbeitersiedlungen der Großstädte ziehen. Nicht nur zum Leid des Weltklimas fallen diese ländlichen, oft urwäldlichen Regionen Rodungen zwecks Holznutzung und industrieller Landbewirtschaftung zum Opfer – Gegenden, die über Jahrhunderte hinweg der Lebensraum der amerikanischen Ureinwohner gewesen sind. Regelmäßig müssen sich diese der Übergriffe von Großgrundbesitzern erwehren, regelmäßig fallen sie gezielten Terroraktionen von Todesschwadronen zum Opfer, die für Großkonzerne und lokale Politiker die Drecksarbeit machen, um diesen mehr Zugriff auf potentielle Nutzflächen und Rohstoffquellen zu ermöglichen. Kann Widerstand gegen diese menschenverachtende Vorgehensweise verwundern? Ist diesen Menschen denn das Recht, sich auch mit der Waffe zu verteidigen, aus unserer vergleichbar sorglosen Perspektive wirklich abzusprechen?

Die zapatistische Befreiungsbewegung im Südosten Mexikos – benannt nach dem Bauernführer Emiliano Zapata, der bei der mexikanischen Revolution zu Beginn des 20. Jahrhunderts in Erscheinung trat – soll an dieser Stelle als Beispiel dafür dienen, dass ein solcher Kampf tatsächlich *gewaltfrei* erfolgreich verlaufen kann, und vor allem dafür, dass es auch einer vermeintlich machtlosen

Randgruppe möglich ist, den großen Global Playern und einem korrupten Politbetrieb die Stirn zu bieten. Aufgezeigt werden sollen in aller Kürze auch die strukturellen und historischen Hintergründe der Unterdrückung, gegen die sich die Zapatisten auflehnen. Ihr Beispiel lässt sich nicht ohne Weiteres auf die Situation in den reichen Ländern des globalen Nordens übertragen, liefert aber doch Denkanstöße für eine Reform auch unseres politischen Systems sowie Inspiration für einen aktiven, aber gewaltlosen Widerstand gegen die herrschenden Unrechtsverhältnisse. Zur Entstehung und den Hintergründen des zapatistischen Aufstandes an dieser Stelle ein kurzer historischer Exkurs in die jüngere Geschichte Mexikos; exemplarisch für die Entwicklungen auf dem amerikanischen Kontinent in den Epochen von Kolonialismus und später neoliberalem Kapitalismus, die als externe Faktoren das Leben der amerikanischen Urvölker bis heute massiv beeinflussen:

Wie im vorherigen Kapitel bereits beschrieben, stellt sich die Geschichte der Ureinwohner Amerikas seit der Kolonialisierung als eine Geschichte des Leids und der permanenten Unterdrückung dar. Mexiko wurde Anfang des 16. Jahrhunderts von Spanien erobert; das zu diesem Zeitpunkt in Mesoamerika vorherrschende Reich der Mexica (heutzutage als Azteken bekannt) wurde durch den Konquistador Hernán Cortés und seine Truppen praktisch vollständig zerstört, die Bevölkerung unterworfen oder durch eingeschleppte Krankheiten ausgerottet. Das spanische Vizekönigreich Mexiko, in dem die Nachfahren der Ureinwohner auch nach dem Ende der Sklaverei maximal den rechtlichen Status unmündiger Minderjähriger innehatten, erreichte zu Beginn des 19. Jahrhunderts seine Unabhängigkeit. Einhundert Jahre später hatten im Land wirtschaftliche Entwicklung und Modernisierung Einzug gehalten, wovon die ländliche (und in großen Teilen indigene) Bevölkerung jedoch kaum profitierte. Reichtum und Fortschrittserfolge waren zur Jahrhundertwende stark ungleich verteilt. Dazu

beigetragen hatte im Laufe von Diktator Porforio Diáz' Regie-
rungszeit (bis 1910), dass in Zentralmexiko 90% des kommunalen
Landbesitzes an Großgrundbesitzer oder ausländische Firmen vergeben wurde.

Diáz' Weigerung, nach einer von ihm anberaumten Wahl zur
Verlängerung seiner Amtszeit seine Niederlage einzugestehen,
entfachte 1910 die innermexikanische Revolution. Eine der revolutionären Gruppen, die Diáz bekämpften, wurde geleitet von einem
Bauernführer namens Emiliano Zapata. Seine im Süden des Landes
angesiedelte Bewegung bestand hauptsächlich aus Indigenen und
besitzlosen Landarbeitern, und reklamierte die Rückgabe des Landes an seine früheren Besitzer (Zapatas Motto im Befreiungskampf
war „Tierra y Libertad" - Land und Freiheit). Trotz zahlenmäßiger
Unterlegenheit errangen die Zapatisten in ihrem Bundesstaat Mo-
relos erhebliche Erfolge und eroberten schließlich – auch aufgrund
der breiten Unterstützung seitens der Bevölkerung – im Mai 1911
die Landeshauptstadt Cuernavaca. Nach militärischen Erfolgen der
verbündeten Revolutionsgruppen trat Porfirio Diáz im selben Mo-
nat zurück, doch auch die Nachfolgeregierung machte keine An-
stalten, den sozialen Forderungen der Revolutionäre nachzukommen. Emiliano Zapata, der regelmäßig Kritik an der ungerechten
Landverteilung äußerte und mit unterschiedlichen Allianzen ver-
suchte, das Anliegen der Landlosen durchzusetzen, wurde 1919
unter falschem Vorwand zu einem Treffen mit vermeintlich sym-
pathisierenden Militärs bestellt und ermordet. Erst in den 20er und
30er Jahren etablierte sich in Mexiko ein demokratisches Staatswe-
sen, und die meisten Revolutionsgruppen vereinten sich zur Nationalen Revolutionspartei PRI, die Mexiko ungefährdet bis zum Ende des 20. Jahrhunderts regieren sollte.

Die vorübergehende, sozial ausgerichtete Politik der Regierung
Cardenas in den 1930er Jahren, die auch eine umfassende Agrarre-
form beinhaltete, wurde Anfang der 40er durch die radikal neoli-

berale Politik Manuel Camachos abgelöst: Ausländische Investoren wurden begünstigt, Streiks unterbunden, einige der nach der Revolution beschlossenen Landreformen rückgängig gemacht. Diese mitunter repressive Politik der PRI fand ihren blutigen Gipfel im Massaker von Tlatelolco: Im Herbst 1968 wurden etwa 300 friedlich protestierende Studenten von der Polizei zusammengeschossen.[40] Obwohl Mexiko zur Mitte des 20. Jahrhunderts wirtschaftlich im Aufschwung begriffen war, markierte der blutige Herbst 1968 eine weitere Zäsur in der Geschichte des Landes: Viele Oppositionsgruppen, die sich gegen das zunehmend autoritäre Gebaren der PRI-Regierung auflehnten, erkannten, dass sie auf demokratischem Wege keinen Einfluss auf die Politik des Landes mehr nehmen konnten und gingen in den Untergrund. Unter dem Druck des Internationalen Währungsfonds wurden während der Wirtschaftskrise der 80er die Landverteilung, die Mindestlöhne und die Gesundheitsversorgung zum Nachteil der Arbeiterschaft neu geregelt – am stärksten betroffen von diesen Maßnahmen war erneut die indigene Bevölkerung des Landes. Als das Land 1995 zahlungsunfähig war, waren bereits über 100 Milliarden Dollar an Zinsen an den IWF geflossen, während die Regierung Salinas 1992 im Zuge ihrer Sanierungsmaßnahmen noch eine drastische Verfassungsänderung unternahm: Der Artikel 27, der der ländlichen Bevölkerung Landbesitz garantiert, wurde aufgelöst, Industrie und Großgrundbesitz wurden gestärkt und die ohnehin prekäre Situation in den ländlichen Regionen verschärfte sich nochmals dramatisch.

Die Zapatistische Armee der nationalen Befreiung, kurz EZLN, wurde 1983 gegründet, im lakandonischen Urwald von Chiapas,

---

[40] Jahrzehnte später stellte sich heraus, dass Scharfschützen der Präsidentengarde zuerst auf die Polizei gefeuert hatten, um diese glauben zu lassen, sie werde von den Demonstranten angegriffen.

dem verarmten südlichsten Bundesstaat Mexikos. 30-40% der Bevölkerung in Chiapas sind Indigene, die hauptsächlich in den ländlichen Gebieten des Hochlandes leben, vertrieben aus den fruchtbaren Tälern im Laufe der Kolonialisierung Mexikos. Ursprünglich orientiert an anderen lateinamerikanischen Revolutionsgruppen, hatten die sechs Gründer die „Befreiung" der indigenen Volksgruppen zum Ziel. Zunächst stark isoliert und ohne nennenswerte Erfolge, begann sich die Gruppe, beeinflusst durch ihre täglichen Kontakte zu den Nachkommen verschiedener Maya-Ethnien, neu auszurichten. Die ursprünglich klassisch-linksdogmatische Kampfgruppe trat, so berichtet der der Weltöffentlichkeit bekannte Subcommandante Marcos, in einen Lernprozess ein, der das avantgardistische Kommando erdete und seine Unterstützungsbasis innerhalb der Bevölkerung Lakandoniens vergrößerte. Durch die Vermittlung der Lebenswelt der indigenen Bevölkerung erlangte die EZLN schließlich ihre organisatorische Struktur, die sich durch die beiden Prinzipien „gehorchend regieren" und „fragend voranschreiten" beschreiben lässt: die selbstkritische Reflexion des eigenen Handelns sowie die Unterordnung der Organisation unter die Interessen der von ihr vertretenen, marginalisierten Urvölker Mexikos. Entsprechend formuliert die EZLN auch ihre Forderungen an die mexikanische Zentralregierung: die Achtung der indianischen Gemeinschaften und ihrer Regierungsformen, ihrer Art der Rechtsprechung und Kultur, klare staatliche Unterstützung im Kampf gegen die Diskriminierung der sie ausgesetzt sind, die Verbesserung ihrer miserablen Lebensbedingungen und den Zugriff auf Land zur Bewirtschaftung für die eigenen Bedürfnisse.

Die Öffentlichkeit nahm erstmals von der zapatistischen Befreiungsbewegung Notiz, als bewaffnete EZLN-Kämpfer am 1. Januar 1994 mit dem Kampfschrei „Ya Basta – es reicht!" und der Forderung nach „Land und Freiheit!" zentrale Städte im Bundesstaat Chiapas besetzten. Der Zeitpunkt des Aufstandes war symbolisch gewählt: Anfang 1994 trat das Freihandelsabkommen NAFTA zwischen Mexiko und den USA in Kraft. Die negativen Folgen dieses Abkommens für die einfache Land- und Arbeiterbevölkerung Mexikos lagen von Anfang an auf der Hand: Kleine Bauern konnten ihre Waren nicht mehr auf dem Binnenmarkt verkaufen, da sie von US-Billigimporten verdrängt wurden, die heimische Produktion wurde geschwächt, die Arbeitslosigkeit stieg, zahlreiche kleinbäuerlichen Familien gingen pleite – all diese prognostizierten negativen Auswirkungen wurden in den Jahren nach dem Beitritt zu NAFTA Realität.[41] Besonders die indigenen Volksgruppen sahen sich durch NAFTA noch stärkeren Benachteiligungen ausgesetzt. Die EZLN forderte daher unter anderem „die Umsetzung des Artikels 39 der mexikanischen Verfassung", der die Gleichberechtigung der indigenen Bevölkerung bestimmt.

In Folge des Aufstandes entsandte die mexikanische Regierung 17.000 Soldaten, um die aufständische Bewegung zu zerschlagen. Den Regierungstruppen wurden zahlreiche Hinrichtungen und Misshandlungen mutmaßlicher Guerilleros angelastet, doch trotz starker Repressionen gelang der Armee nicht der geplante schnelle Sieg über die Aufständischen. Und es blieb nicht nur bei symbolischen Erfolgen: Die Zapatisten eroberten und besetzten über 100.000 Hektar Land und verteilten es an Tausende Familien, proklamiert als „Wiederaneignung" des Landes, das den Indigenen über Jahrhunderte hinweg von Oligarchen und Großgrundbesitzern geraubt wurde.

National wie international erlebten die Zapatisten in Folge der brutalen militärischen Gegenmaßnahmen eine Welle von Sympathiebekundungen. Zehntausende Menschen demonstrierten in der mexikanischen Hauptstadt für Frieden und einen Dialog mit den

---

[41] Präsident Salinas erhielt in Mexiko seinerzeit den Spitznamen „Hood Robin": Der, der's von den Armen nahm und den Reichen gab.

Aufständischen. Unter dem Druck der Öffentlichkeit endeten die Kampfhandlungen am 12. Januar. Die EZLN vollzog unter dem Eindruck der großen Solidaritätswelle, die einherging mit der Forderung nach einem beidseitigen Ende der Gewalt, einen radikalen Strategiewechsel: Die Befreiungsarmee verstand sich fortan nur noch als Schutztruppe eines friedlichen gesellschaftlichen Wandels mit den Zielen „Demokratie, Freiheit, Gerechtigkeit", die einen Dialog mit der ganzen mexikanischen Bevölkerung anstrebte. Obwohl es die jeweiligen mexikanischen Regierungen bis heute am Willen zu einer Verbesserung der Situation in Chiapas mangeln lassen und die Zapatisten wiederholt von bewaffneten Kräften angegriffen wurden, gingen von der EZLN seit dem 12. Januar 1994 keinerlei gewalttätige Aktionen mehr aus.

Während der zähen Friedensverhandlungen zeigte sich die Regierung von Anfang an zu keinen nennenswerten Zugeständnissen bereit und ließ am Ende des Jahres wieder die Waffen sprechen: Eine großangelegte, letztlich erfolglose Armeeaktion sollte die Führung der EZLN aufspüren und neutralisieren. Dabei wurden zahlreiche Dörfer zerstört und die Bevölkerung durch Verhaftungen und Folter eingeschüchtert. Erst im Februar 1996 kam es zu einem Friedensabkommen, das indigene Rechte, Kultur und Autonomie sicherstellen sollte: dem Abkommen von San Andrés. Da die Umsetzung dieses Abkommens seitens der mexikanischen Regierung aber immer wieder vertagt wurde und die zapatistischen Gemeinden bis heute durch paramilitärischen Terror zermürbt werden, suchte die EZLN nach neuen Wegen, die Rechte der Ureinwohner zu gewährleisten und ihre Vorstellung von demokratischer Selbstbestimmung umzusetzen. Öffentlichkeitswirksame Aktionen wie der Marsch von 1111 Zapatisten nach Mexiko City im September 1997, um die Umsetzung des Abkommens von San Andrés zu fordern, gehen Hand in Hand mit nationalen und internationalen Dialog- und Vernetzungstreffen mit anderen zivilgesellschaftlichen

Organisationen. Als im Jahr 2002 das mexikanische Verfassungsgericht die meisten Beschwerden der Indigenen wegen Nichteinhaltung der ihnen gewährten Rechte ablehnte, brachen die Zapatisten den Dialog mit der Regierung endgültig ab. Stattdessen gründeten sie 2003 mit der „Anderen Kampagne" eine Quasi-Autonomie ihres Einflussgebietes, einhergehend mit der Abgabe der Macht an ihre Basis. Ein kollektivistisches Selbstverwaltungssystem wurde eingeführt, vergleichbar mit den Räteregierungen in Russland, Ungarn und Ukraine nach dem ersten Weltkrieg. Fünf regionale Verwaltungszentren („Caracoles") entstanden, denen 39 Gemeinden und die darin organisierten Dörfer untergeordnet sind. Die Verwaltung erfolgt durch rotierende, basisdemokratische Regierungen (die „Juntas der Guten Regierung"). Das „gehorchende Befehlen" wurde zum aktiven Prinzip: Regierungsvertreter der Caracoles können jederzeit abgewählt werden; Regierungsarbeit für die Gemeinschaft ist unbezahlt; wer Regierungsarbeit leistet, wird wirtschaftlich von anderen Mitgliedern der Gemeinde entlastet. Die Zapatisten etablierten eigene Gesundheits-, Justiz- und Bildungswesen. Die auf indianischem Verständnis fußende Konfliktvermittlung, bei der Wiedergutmachung vor Bestrafung kommt, und letztere durch gemeinnützige Arbeit vollzogen wird, kommt auch bei den benachbarten nicht-zapatistischen Gemeinden gut an, deren Bewohner die Zapatisten oftmals zur Konfliktvermittlung hinzuziehen. Erwiesenermaßen steigt der Lebensstandard der Menschen im EZLN-Gebiet seither in zwar bescheidenem, aber doch nennenswertem Maße an. Besonders die Kindersterblichkeit ist dramatisch gesunken, das Bildungsniveau gestiegen, Korruption ist verglichen mit den nicht-zapatistischen Gebieten praktisch ein Fremdwort, Drogen- und Alkoholmissbrauch eine Seltenheit.

Das zapatistische Experiment hat sich trotz der Ignoranz der mexikanischen Politik und zahlreichen tödlichen Attacken durch Paramilitärs bis heute gehalten. Nachdem die EZLN Mitte der 90er

Jahre beinahe zu Popstars der internationalen Linken avanciert war, verschwanden die Zapatisten allmählich wieder aus dem Fokus der Medien. 2012 wurde die mexikanische Öffentlichkeit durch die Schweigemärsche von 40.000 Zapatisten durch die 1994 besetzten Ortschaften wachgerüttelt. 2016 bildeten die Zapatisten mit anderen Indigenenorganisationen den nationalen Indigenenrat, der mit María Martínez erstmals eine Nachfahrin der mexikanischen Ureinwohner als Kandidatin für die Präsidentschaftswahl aufstellte. Dabei betonte die EZLN, dass es selbstverständlich nicht auf die Rasse einer Politikerin ankäme, sondern auf einen gerechten, inklusiven Politikstil. Im August 2019 machten die Zapatisten in Mexiko wieder spektakulär auf sich aufmerksam: Zu den bestehenden fünf Verwaltungszentren sollten sieben neue hinzukommen, trotz massiver Bedrohung durch extraktive Großkonzerne und Großgrundbesitzer, die ihre Ansprüche weiterhin unverhohlen mit tödlichen Gewaltattacken durchzusetzen versuchen.

Auf den ersten Blick ist das zapatistische Befreiungsbestreben im armen Süden Mexikos wohl nur eine Fußnote der Globalisierung, das verzweifelte Aufbegehren von Menschen, die seit Jahrhunderten imperialistische Unterdrückung erleiden und im 20. und 21. Jahrhundert zunehmend unter die Räder des globalen Wirtschaftsbetriebs geraten. Schlussfolgerungen, gar Vorbildfunktion für uns, in den reichen westlichen Ländern? Auch wenn die mit schwarzen Skimasken getarnten EZLN-Kämpfer oftmals zu direkten ideologischen Nachfolgern Che Guevaras erklärt wurden, hebt sich die EZLN doch radikal von anderen revolutionären Bewegungen ab und wird dadurch zu einem inspirierenden Vorbild für Veränderungen in unseren Demokratien.

Zahlreiche Paradoxa charakterisieren die EZLN: Die Gruppe hat kein Interesse am Staatskommunismus, also an einem von oben verordneten System, das der gesamten Gesellschaft die Lebensbedingungen vorschreibt. Erklärtermaßen ging es den Zapatisten auch nie um das Erlangen von staatlicher Macht – man versteht sich hingegen als Bewegung, die zwar zum Selbstschutz bewaffnet ist, jedoch den zivilgesellschaftlichen Diskurs sucht und dabei in erster Linie den Ärmsten und Ausgegrenzten zu ihrem Recht verhelfen will. „Die Revolution Zapatas retten", das heißt bei der EZLN, den basisdemokratischen Weg als einzig möglichen Weg der Veränderung zu gehen. Prinzipien wie Selbstkritik und fragendes Hören haben die Zapatisten auf vielen ihrer großen Kongresse lebhaft demonstriert; die Gründung der autonomen Selbstverwaltungszentren, in denen das militärische Kommando keinerlei Entscheidungen trifft, sind der lebendige Beweis dafür, dass es die ehemaligen Aufständischen mit dem Verzicht auf militärische Gewalt und staatliche Macht ernst meinen. Mehrfach haben die Zapatisten außerdem moralische Überlegenheit gegenüber ihren Unterdrückern demonstriert: So wurde während der zwölftägigen Kämpfe im Januar 1994 General Absalon Castellanos, der ehemalige Gouverneur von Chiapas, gefangen genommen – ausgerechnet Castellanos, der in seiner Amtszeit für jede Art von Mord und Misshandlungen an Indigenen verantwortlich war (eine seiner „Spezialitäten" waren Abwürfe von Gefangenen aus Hubschraubern über dem offenen Meer). Das Strafgericht der EZLN verurteilte Castellanos zur Höchststrafe – und entließ ihn zum Leben in Freiheit, unter der Schande, von denen Vergebung und Nachsicht erhalten zu haben, die er so lange unterdrückt und gedemütigt hat.

Und noch weitere Merkmale des zapatistischen Selbstverständnisses sind bemerkenswert: So wurde in den Befreiungskampf der Urvölker die vollständige Gleichberechtigung von Frauen (und, konsequenterweise, allen Andersgeschlechtlichen) integriert. Was indianischen Traditionen scheinbar vollständig widerspricht, erkannten die Aufständischen als konsequente Notwendigkeit ihres Aufbegehrens gegen Unterdrückung und Diskriminierung (das

Alkoholverbot in den autonomen zapatistischen Gebieten wurde von Frauen durchgesetzt, weil zu viele ihrer Männer durch Alkoholkonsum gewalttätig wurden oder in Verwahrlosung versanken). Es gibt keine Zwangsheiraten mehr, Frauen haben die gleichen Möglichkeiten wie Männer, zu arbeiten, zu studieren oder zu den bewaffneten Schutztruppen zu gehen. Manche indianische Gemeinde kannte von je her schon die Gleichberechtigung der Frau, für andere, patriarchalisch geprägte Gruppen kam dies einer inneren Revolution gleich! Ebenfalls praktizieren die Gemeinden der Ureinwohner Regierungsformen, die konsultativer, basisdemokratischer sind als der zentralistische Staat, in dem sie sich befinden. Ihre Form der Entscheidungsfindung läuft über mehrere Ebenen, beginnend mit Basisräten, in denen sich repräsentative Vertreter der ganzen Gemeinschaft befinden. Demokratie in Urform wird bei den Indigenen auf eine Weise praktiziert, die das politische Wesen ihrer Kommunen praktisch immun gegen Korruption und Fremdbeeinflussung machen. Der EZLN geht es nicht darum, eine Regierung zu stürzen oder ihre Leute an den Schaltstellen der Macht zu postieren. Der mexikanische Staat soll einfach nur die Art und Weise, wie seine Urvölker ihr Leben gestalten wollen, respektieren und sie vor Übergriffen und Diskriminierung schützen.

Den Zapatisten ist es gegen alle Widerstände gelungen, die Machtbeziehungen umzukehren: Sie haben bewiesen, dass eine Gesellschaft ohne politische Parteien lebensfähig ist und dass es möglich ist, eine horizontale, inklusive und nicht-korruptive Politik zu betreiben. Zugleich entkamen sie damit einem philosophischen Dilemma: Wer den Herrschenden ablehnt und bekämpft, bestätigt dadurch zugleich dessen Machtposition. Die EZLN ist einen völlig anderen Weg gegangen: Nachdem die jahrelangen Verhandlungen mit der mexikanischen Regierung zu keinen praktischen Ergebnissen geführt haben und der Terror durch Militär und Todesschwadronen nie nennenswert nachließ, ließ man den Staat einfach links liegen und etablierte – ohne „um Erlaubnis zu fragen" – ein eigenes politisches System. Die Journalistin Laura Castellanos, die die zapatistischen Gebiete mehrfach besucht hat, schreibt: „Der Zapatismus ist eine Lehre für die Menschheit. Seine autonomen Gemeinden belegen uns beispielhaft die Notwendigkeit – und gleichzeitig die Möglichkeit –, durch gemeinsame Abkommen und auf horizontale, einschließende Weise gegen die Plünderung der indigenen Gebiete und die Zerstörung der Natur durch Regierung und Großkapital zu leben. Nach unserem Dafürhalten verbindet der Zapatismus universale Sehnsüchte mit konkreten Praktiken."

Enrique Dussel stellte fest, dass Befreiung letztlich nur von den Ausgeschlossenen selbst vollzogen werden kann, von den „Antihelden der bestehenden Ordnung." Zugleich sind basisdemokratische Bewegungen, die selbstverständlich auch in vielen anderen Teilen der Welt (ohne die mediale Aufmerksamkeit, die die EZLN auf sich zog) existieren, ein Vorbild für unsere trägen Demokratien, in denen der verfassungsgemäße Souverän, das Volk, immer weniger zu sagen hat, und die anfällig geworden sind für Korruption und bleierne Tatenlosigkeit der Regierenden. Die Verlierer von Kolonialismus und Kapitalismus in Chiapas lehren uns, die wir unsere Staaten gerne als Wiege demokratischer Verfassungen sehen, wie Demokratie im ursprünglichen Wortsinn funktionieren kann, wie ein Rechtswesen dazu dienen kann, den Teufelskreis aus Bestrafung und wiederkehrender Kriminalität zu brechen, und wie Gleichberechtigung auf allen Ebenen auszusehen hat. Die Achtung unserer natürlichen Umgebung und ihren Ressourcen haben die meisten Urvölker unseres Planeten stets besser verstanden als der nach Fortschritt und immer noch zunehmendem Wohlstand strebende Mensch des christlichen Abendlandes. Auch hier gilt es, sich zu besinnen und Beispiel zu nehmen an jenen Verlierern der Globalisierung, zu ihrem Wohle und zum Wohle unserer Nachkommen.

8. Anpacken

„Man soll nie etwas Gutes, sei es noch so klein, aufschieben in der Hoffnung, in der Zukunft Größeres tun zu können."

- Ignatius von Loyola

„Entwicklungen an einem Ende der Welt können auch immer auf das Leben der Menschen am anderen Ende der Welt auswirken. Wir tragen also gemeinsam Verantwortung für diese Welt."

- Angela Merkel

Analysen und Kommentare zu den Missständen unserer Zeit gibt es in Hülle und Fülle. Damit alleine ist es nicht getan. Mein Ziel ist es, konkrete Maßnahmen und Handlungsrichtlinien vorzustellen, die jeder und jede Einzelne ergreifen kann, um „etwas zu verändern." Denn: Fühlen wir uns nicht jedes Mal machtlos und frustriert, wenn wir immer wieder lesen und hören, was alles schief läuft in unserer Gesellschaft und auf diesem Planeten, ohne dass uns als Einzelnen konkret gesagt wird, was unternommen werden kann? Es mag allen Zynikern gelegen kommen, womöglich sogar Methode haben, dass sich die Mitglieder unserer Gesellschaft macht- und mutlos fühlen. Dabei ist klar, dass wir alles andere als machtlos sind! Wir können uns dem tödlichen Weiter-So entziehen, ohne ein Aussteigerleben führen zu müssen! Wir können ganz konkret im privaten Bereich Maßnahmen ergreifen, die Wirkung haben. Wir können uns politisch engagieren, ohne dass unser Wirken nutzlos bleibt.

Manches von dem was ich nun aufführen werde, mag unspektakulär und trivial erscheinen, anderes wiederum zu aufwendig und mühsam. Selbstverständlich handelt es sich hier auch nur um einige erste Impulse – diese Auflistung erhebt keinen Anspruch auf Vollständigkeit; mit Sicherheit habe ich viele weitere sinnvolle Ansätze noch selbst gar nicht auf dem Schirm und daher hier auch nicht erwähnt. Doch insgesamt handelt es sich um ein Paket an konkreten Maßnahmen, die ohne Weiteres ergriffen werden können, ohne Umschweife, ohne größeren Aufwand an persönlicher Weiterbildung im jeweiligen Bereich. Soziale Gerechtigkeit, Friedensbestrebungen und der rücksichtsvolle Umgang mit unserer Mutter Erde sind große Ziele, an denen wir alle mitwirken können – und wir in den reichen Ländern mehr als andere auch müssen. Es darf nicht noch mehr Zeit vergehen! Damit appelliere ich an alle Bürgerinnen und Bürger unseres Landes, aktiv zu werden. Von kirchlichen Organisationen wiederum fordere ich ein solches Handeln in finanziellen und gesellschaftlichen Fragen unmittelbar ein.

Die Rahmenbedingungen müssen gewiss von der Politik vorgegeben werden. Ohne die entsprechenden Grenzen und Richtlinien wird es nicht möglich sein, eine Gesellschaft als Ganzes zur Umkehr zu bewegen. Als Einzelne sind wir also gefragt, sowohl unser eigenes Verhalten zu ändern als auch auf die Politik einzuwirken, um die entsprechenden Grenzen zu ziehen und den generellen Kurs vorzugeben. Zunächst ist dafür zweifellos der Faktor *Zeit* entscheidend. Wir müssen uns die Zeit nehmen, unsere Verhaltensweisen, unsere Konsumentscheidungen zu hinterfragen und uns mit Alternativen auseinanderzusetzen, und erst recht braucht es Zeit, sich in Parteien, Initiativen und NGOs zu engagieren. Die Bereitschaft, diese Zeit aufzubringen, ist ebenso unerlässlich wie das immer wieder neue Abwägen der Aktualität und Verhältnismäßigkeit von Zielen und Maßnahmen. Ist dieser erste Schritt vollzogen, stehen meines Erachtens folgende Handlungsmaßnahmen zur Verfügung – neben vielen anderen, versteht sich. Ich beginne mit den Maßnahmen, die uns gewissermaßen unmittelbar als Konsumenten betreffen, und erweitere den Rahmen dann über den persönlichen Rahmen hinaus, da es (auch) an uns liegt, die Politik zum entsprechenden Handeln zu bewegen, um eine umfassende Umkehr zu erreichen. Zum Abschluss nochmal eine etwas allgemeinere, zusammenfassende Betrachtung.

Wir als Einzelne haben mehr Macht, als uns von vielen Seiten weisgemacht wird: in der Summe unserer Einzelentscheidungen, durch nach außen wirkende Leuchtturmprojekte und schließlich durch unsere öffentliche Einflussnahme auf Politik und Wirtschaft.

I. KONSUM

GELD

Politische Macht ist nur auf den ersten Blick die höchste Stufe der Machtpyramide. Genau genommen sind die mächtigsten Einflussnehmer einer kapitalistischen Gesellschaft jene, die über die größten finanziellen Mittel verfügen. Fakt ist, dass auch in Deutschland politische Entscheidungen in weiten Teilen – nicht zufälligerweise – der Oberschicht zu Gute kommen.[42] Aggressiver

---

[42] In einem Interview mit *Publik Forum* benennt der Soziologe Michael Hartmann eine der Ursachen: Vor 20 Jahren saßen im Bundestag noch zu zwei Dritteln Vertreter der breiten, arbeitenden Bevölkerung und nur ein Drittel aus der wirtschaftlichen Oberschicht. Mittlerweile hat sich das Verhältnis umgekehrt. In Wirtschaftskreisen ist das Missverhältnis noch viel krasser: Vier von fünf Spitzenvertretern stammen aus den oberen vier Prozent der Bevölkerung. Hartmann zitiert auch eine Studie, die besagt, dass die soziale Herkunft stark darüber entscheidet, wie sensibel jemand für soziale Ungerechtigkeit ist: „Je reicher und wohlhabender jemand aufgewachsen war, umso weniger empfand er soziale Ungerechtigkeit als Problem." Entsprechend habe die Zusammensetzung der

Lobbyismus, effektive Vernetzung, fließende Grenzen zwischen politischen und wirtschaftlichen Spitzenämtern: Der Einfluss des finanzkräftigen oberen Bruchteils unserer Gesellschaft ist deutlich größer als der eines durchschnittlichen Arbeitnehmers. Dieses Ungleichgewicht widerspricht einem ernsthaften Demokratieverständnis und muss beseitigt werden. Dabei wäre es fatal zu verkennen, dass durch das eigene Anlageverhalten auch jetzt schon Macht ausgeübt werden kann. Denn tatsächlich sitzt die Mehrheit der Verbraucher an einem Hebel, von dessen Wirkung sie scheinbar nichts weiß.

Die NGO-Plattform „Facing Finance" kommt in Untersuchungen unserer Finanzbranche zu dem Schluss, dass mit unseren Geldanlagen bei grundsätzlich *jeder* Bank, die nicht *explizit* entsprechende Investments ausschließt, mit hoher Wahrscheinlichkeit Kredite in problematische Geschäftsbereiche wie Rüstungsindustrie, fossile Energieträger, Bergbauunternehmen mit unkontrolliertem Raubbau in der dritten Welt (oftmals auch unter Einsatz von Kinderarbeit) oder die Tabakindustrie vergeben werden.[2] Nur die wiederholt als solche zertifizierten Nachhaltigkeitsbanken GLS, Triodos und Ethikbank sowie einige kirchlichen Finanzinstitute (allerdings nicht alle!) schließen ethisch problematische Investments kategorisch aus. Selbst unser Konto bei der kleinen Ortssparkasse trägt seinen Teil dazu bei, dass Spekulationen mit Wohnraum, Pflegeeinrichtungen oder Nahrungsmittelpreisen betrieben werden und Unternehmen mit Rüstungssparten ihre Investitionen tätigen können.[43] Gleiches gilt für die Fonds unserer Riester-Rente,

---

politischen Elite massiven Einfluss auf das politische Handeln – „in den allermeisten Fällen machen Upper-Class-Politiker Politik für die Upper-Class."[1]

[43] „Wenn Sie nicht Kunde/Kundin bei einer der Nachhaltigkeits- oder Kirchenbanken sind, können Sie davon ausgehen, dass ihr Geld auch Waffen(-exporte) finanziert oder davon profitiert." – aus dem Vorwort von „Dirty Profits - Unser Geld für Rüstungsexporte in Kriegs- und Krisengebiete."[3]

unsere Lebensversicherung, ja auch für unsere Immobilienfinanzierung oder jeden x-beliebigen Kredit bei einer Bank, die ethisch bedenkliche Investments nicht ausschließt. Prinzipiell unterstützen wir mit unseren unreflektierten Finanzentscheidungen Branchen, die regional, national und global für enorme Verwerfungen verantwortlich sind. Hohe Renditeversprechen an uns Endkunden beinhalten letztlich, dass auf jede erdenkliche und daher oftmals unethische Weise unser Geld vermehrt wird. Nichts ist umsonst. Für die höchste Rendite zahlt irgendwo auf der Welt jemand anderes die Zeche: Rohstoffabbau in der dritten Welt mit erbärmlichen Arbeitsbedingungen und der unkontrollierten Freisetzung von Umweltgiften, Tiefsee-Erdölförderung oder Fracking mit massiver langfristiger Zerstörung natürlicher Lebensräume, deutsche Rüstungskonzerne, die auf Umwegen Geschäfte mit dem erbarmungslosen Krieg in Jemen machen, Energiekonzerne, die bis zum bitteren Ende zwecks Profitmaximierung auf fossile, luftverschmutzende und landraubende Energieträger setzen, Immobilienkonzerne, die die Quadratmeterpreise in unseren Städten in die Höhe treiben, privatisierte Pflegeeinrichtungen mit skandalösen Versorgungs- und Arbeitsbedingungen, Rationalisierung und Stellenstreichungen unter den Angestellten wirtschaftlich völlig gesunder Unternehmen – die Liste ließe sich noch lange fortsetzen. Wollen wir wirklich Teil von alldem sein? Als Anleger sind wir an diesen schmutzigen Geschäftsfeldern beteiligt, ob wir das (wissen) wollen oder nicht. Die wachsweichen Selbstverpflichtungen und kaum nachprüfbaren „strengen Auswahlkriterien" der allermeisten konventionellen Geldhäuser lassen noch zu viel Raum dafür, dass die Geschäfte mit kritischen Investments weitergehen und folglich Unternehmen mit Geld versorgt werden, die Menschenrechte und Umweltschutz gerne hinter ihre Renditeentwicklung zurückstellen.

Es gibt exakt zwei Alternativen: Entweder wechseln wir konsequent mit unseren Geldanlagen zu einer Nachhaltigkeitsbank. Das

Konto wird dort teurer sein, die Rendite womöglich niedriger – aber eben deshalb, weil nun niemand anderes für unethische Anlagepraktiken draufzahlen muss. Natürlich hat ein Fonds, der in *alle* verfügbaren Geschäftsbereiche investiert, zumeist höhere Renditemöglichkeiten. Andererseits ist mittlerweile erwiesen, dass ausgewiesene Fonds mit ökologischen und ethischen Standards in der Renditeentwicklung den klassischen Fonds in nichts nachstehen. Bei einer Nachhaltigkeitsbank ist nun zumindest in größtmöglichem Rahmen gewährleistet, dass mit unserem Geld keine schmutzigen Geschäfte betrieben werden, sondern vielmehr in gesellschaftlich sinnvolle Bereiche investiert wird.

Oder: Wir bleiben unserer Bank, unserer Versicherungsgesellschaft etc. treu, legen unser Geld dort aber auf explizit nachhaltige bzw. ethisch saubere Weise an. Auch eine Deutsche Bank, auch eine Commerzbank haben mittlerweile nachhaltige Anlagemöglichkeiten in ihrem Portfolio. Womöglich sind die großen Finanzplayer auch zum Umdenken zu bewegen, wenn ihre Kundschaft vermehrt im Verkaufsgespräch nachhakt, was mit dem angelegten Geld eigentlich passiert, oder ob es nicht ethisch einwandfreie Alternativen zur bisherigen Geldanlage gibt. Noch rechnen die Kundenberater nicht damit, dass eine große Zahl an Kunden wissen will, was die Bank mit ihrem Geld so treibt. Aber das dürfte sich ändern lassen. Einzuwenden ist bei diesem zweiten Weg allerdings, dass wir auch mit einer ethisch-ökologisch einwandfreien Anlage bei einem der etablierten Finanzhäuser letztlich das gesamte Institut und damit auch seine übrigen unsauberen Geschäftspraktiken unterstützen.

Welcher dieser zwei Wege uns sinnvoller oder einfach sympathischer erscheint, müssen wir Anleger selbst entscheiden. Eins ist jedoch klar: Der umfassenden Verstrickung der Finanzwelt in Geschäftsmodelle, die Klima und Umwelt schädigen und für den Schutz menschlichen Lebens nicht viel übrighaben, können wir uns als Endkunden nicht entziehen. Jeder von uns hat folglich indirekt auch einige Tropfen Blut an den Händen. Dies ist aber kein Zustand, der einfach so hingenommen werden muss – es gibt mit den Nachhaltigkeitsbanken und mit ökologisch-ethisch ausgerichteten Anlagemöglichkeiten ganz klare Alternativen! Mein Appell ist also, schnellstmöglich mit dem eigenen Konto zu GLS, Triodos, Ethikbank oder einer gleichermaßen nachhaltig und ethisch investierenden Kirchenbank zu wechseln. Um-investiert werden muss auch, soweit das möglich ist, in Sachen Immobilienfinanzierung, Fondsanlagen und Altersvorsorgeverträgen. In Sachen Versicherungen ist die Situation wiederum gar nicht so einfach: Gibt es Alternativen zu Großkonzernen wie der Allianz, gibt es Versicherungsgesellschaften, die garantieren, dass sie mit unserem Geld nicht in zwielichtige Geschäftsmodelle verwickelt sind? Zumindest lohnt es sich, genauer hinzuschauen. Erste Erfolge können NGOs wie Facing Finance auch bei den großen Versicherern verbuchen; die Allianz hat beispielsweise mittlerweile deutlich strengere Auswahlkriterien für ihre Anlagen angesetzt wie noch vor einigen Jahren. Dass diese Kriterien trotz geplanter EU-weiter Zertifizierung schwammig bleiben, macht die Auswahl für uns Endkunden der Finanzbranche nicht leichter. Dennoch: Die einzelnen Anlagebereiche eines Sparfonds lassen sich leicht herausfinden, ebenso wie in Beratungsgesprächen zu Versicherungen und Finanzanlagen der Anlagepolitik des jeweiligen Unternehmens auf den Zahn gefühlt werden kann.

Der Status quo darf nicht hingenommen werden! Wir können und müssen mit unserem Geldanlageverhalten die Finanzwelt zur Umkehr bewegen! Deinvestment heißt das Stichwort – gesellschaftlich schädigenden Geschäftsmodellen muss von unserer Seite der Geldhahn abgedreht werden, Banken und Versicherer müssen von uns Kundinnen und Kunden stärker an ihre gesellschaftliche Verantwortung erinnert werden. Außer dem vorübergehenden zeitlichen Aufwand, den dies erfordert, spricht nichts dagegen, an dieser Stelle schnellstmöglich aktiv zu werden.

PRIVATKONSUM

Das Feld des Privatkonsums erscheint zunächst dermaßen uferlos, dass es uns bei der Suche nach Alternativen schwindelig werden dürfte. Kleidung, Lebensmittel, Wohnraumgestaltung, Fahrzeug, Hygieneartikel, Spielsachen – wer einmal anfängt zu suchen, dem wächst die Frage schnell über den Kopf, wo überall auf welche Weise nachhaltiger und ethisch unbedenklicher konsumiert werden kann. Verankert man zumindest die Frage nach Herkunft und Fertigungsprozess eines Konsumartikels vor jede Kaufentscheidung, geht dieser kritische Ansatz jedoch allmählich in unseren Denk- und Entscheidungsprozess über. Plastikverpackungen werden dann irgendwann generell kritisch betrachtet, Kleidungsstücken ohne ein entsprechendes Zertifikat misstraut, Schokolade ohne Fairtrade-Siegel nicht mehr ohne Weiteres in den Einkaufswagen gepackt, Produkte mit Palmöl so gut es geht ausgeklammert, etc.

Dennoch droht zunächst die Überforderung. Wir sind von der Werbeindustrie dahingehend erzogen worden, Konsumentscheidungen kritiklos zu treffen, allein am für uns offensichtlichen Nutzen orientiert. Diese Denkweise müssen wir aufbrechen. Dabei hilft unter anderem, sich zunächst einen einzelnen Bereich herauszupicken: Ich habe beispielsweise vor einigen Jahren begonnen, in erster Linie beim Kleidungskauf nach fairen Labels Ausschau zu halten. Weil ich in den Großhandelshäusern hierfür keinerlei Anhaltspunkte geliefert bekam, suchte und fand ich schließlich eine kleine Boutique, die einige faire Labels im Sortiment hat. Im Internet finden sich entsprechende Startups und Marken wiederum in Massen;

wem die Onlinesuche eher zusagt, sollte keine Probleme haben, in diesem Bereich fündig zu werden. Mittlerweile wird beispielsweise das Fairtrade-Label *Armed Angels* auch von größeren Kaufhäusern geführt, und ich weiß, auf welche Etiketten und Informationen ich zu achten habe. Als nächstes kann man sich beispielsweise den Lebensmittelbereich vornehmen: Biofleisch ist doppelt so teuer wie herkömmliches – das wird wohl seinen Grund haben!? Aber ich will ja auch nichts von einem Tier zu mir nehmen, das mit Breitbandantibiotika behandelt wurde und ein elendes Leben in einem Massenstall führen musste. Also lieber seltener, dafür unbedenkliches Fleisch kaufen, möglichst aus regionaler Haltung und Schlachtung. Oder gleich zu vegetarischen Alternativen greifen? Vegetarische Schinkenspicker gibt's bereits in allen großen Supermärkten, der geschmackliche Unterschied zu herkömmlicher Lyoner geht gegen null.

Generell gilt: Möglichst regional einkaufen, weil dann die CO_2-Transportbilanz des Produktes geringer ist. Möglichst auf Bio-Label achten (wohlwissend, dass auch mit den Zertifizierungen gelegentlich Schindluder betrieben wird), um ein gesundheitlich einwandfreies Produkt zu erhalten. Und muss das Produkt doch aus einer entlegenen Region stammen, kann nur eine Fairtrade-Zertifizierung für uns als Konsumenten gewährleisten, dass hier die Produzenten unter erträglichen Arbeitsbedingungen ihr Werk verrichten konnten und für ihre Arbeit einigermaßen anständig bezahlt wurden. Ähnlich wie in der Finanzbranche muss festgehalten werden: Die großen „Player", deren bekannte Markenprodukte ohne entsprechende Kennzeichnungen in den Regalen landen, werden von sich aus wenig dafür tun, ihren Profit zu schmälern, indem sie faire und nachhaltige Produktionsbedingungen etablieren. Unser Billigfleisch und sein Futter sind verantwortlich für die Abholzung der tropischen Regenwälder; der Kakao in unseren Schokoladeprodukten ist bislang nur selten als „fair" gekennzeichnet; das Palmöl in so unterschiedlichen Artikeln wie Nutella oder Shampoo wird ebenfalls angebaut auf Großplantagen, denen Urwälder, indigene Volksgruppen und gefährdete Tierarten weichen müssen; unsere Jeans stammt womöglich aus einer Nähfabrik in Myanmar mit lebensgefährlichen Arbeitsbedingungen; leider, leider stammen die Bestandteile unserer Handys und Laptops praktisch ausnahmslos aus Minen in Afrika und Südamerika, in denen Menschenleben, Umweltschutz und Schonung der lokalen Bevölkerung einen Dreck wert sind.

Wie gesagt: Das Feld des Privatkonsums ist geradezu grenzenlos. Es erfordert Zeit und Mühe, nach Alternativen zu den uns altbekannten und günstigen Produkten zu suchen. Wer allerdings einmal angefangen hat, wird feststellen, dass es tatsächlich in praktisch allen Bereichen Alternativen gibt – selbst beim Handy und beim Laptop, auch wenn die entsprechenden Unternehmen im Bereich Elektronik noch in den Kinderschuhen stecken. Wichtig ist, den ersten Schritt zu tun und das kritische Hinterfragen bei Kaufentscheidungen fest im Auswahlprozess zu etablieren. Auf diese Weise verändern wir Konsumenten den Konsumbetrieb unserer Länder – träge und langsam, zugegeben, aber ein Anfang muss ja gemacht werden. Wie im Kapitel 3 beschrieben, gibt es bereits in den meisten Konsumbereichen deutliche Verbesserungen und allmählich auch Einsehen bei vielen Konzernen, sich ihrer gesamtgesellschaftlichen Verantwortung stellen zu müssen.

Zusätzlich zur kritischen Kaufentscheidung hilft es natürlich, das Prinzip des Reparierens, Wiederverwendens und der Langzeitnutzung zu beherzigen. Da jeder Produktionsprozess mit Energieaufwand verbunden ist und die allermeisten Konsumgüter heutzutage noch mit nicht-erneuerbaren Rohstoffen produziert werden, verbessern wir unseren ökologischen Fußabdruck deutlich, indem wir den Kauf neuer Produkte so lange es geht aufschieben und stattdessen bestehende Geräte reparieren lassen, gebrauchte Artikel kaufen, und so weiter.

VERKEHR & REISEN

Ein heikles Thema für uns Deutsche, doch auch hier findet dank der protestierenden Jugend mittlerweile eine öffentliche Debatte statt. Wir brauchen eine umfassende Verkehrswende, zweifellos, und für die entsprechende Infrastruktur kann nicht der einzelne Bürger sorgen. Aber ohne Schwierigkeiten lässt sich auch im privaten Rahmen eine kritische Selbstreflexion anstellen: Benötige ich an meinem aktuellen Wohnort ein Auto? Muss es ein so großes Fahrzeug sein? Kann ich seinen Einsatz reduzieren? Wie sind die Nahverkehrsanbindungen? Wo komme ich auch mit dem Fahrrad problemlos hin? Gibt es Verkehrsmittel, über die ich bislang noch überhaupt nicht nachgedacht habe, die mir das Leben aber auch erleichtern, ohne dass ich gleich mein anderthalb Tonnen schweres Fahrzeug bewegen muss? Wie viel Mehraufwand, wie viel Mehrkosten sind es mir wert, meinen persönlichen CO_2-Ausstoß zu reduzieren? Reicht mir Tempo 130 auf der Autobahn nicht eigentlich völlig aus, um mein Ziel zu erreichen, dabei noch die Unfallwahrscheinlichkeit zu reduzieren und den Kraftstoffverbrauch zu senken?

Solange die Politik noch nicht die entsprechenden infrastrukturellen und regulierenden Maßnahmen ergriffen hat, bleibt der Umstieg vom Individual- auf den öffentlichen Personenverkehr fast immer mit erhöhtem zeitlichem Aufwand sowie mit Mehrkosten verbunden. Das lässt sich nicht beschönigen. Da es mit unserem Lebensstil auf Pump der kommenden Generationen aber so nicht weitergehen kann, sollten wir kleinere Einschränkungen in der persönlichen Mobilität unbedingt in Kauf nehmen: Je weniger wir Auto fahren, desto weniger wird die Luft in den Städten belastet, desto weniger Erdöl muss gefördert werden, desto geringer ist unser CO2-Fußabdruck. Wenn wir mit dem Flugzeug reisen müssen, können wir uns um eine CO2-Kompensation bemühen. Kreuzfahrten auf Schiffen mit konventionellem Antrieb (leider noch die große Mehrheit) sollten vermieden werden.[44] Und jede Initiative, die sich in unserer Umgebung bildet (Bürgerbusse, Petitionen zum ÖPNV-Ausbau, Reaktivierung stillgelegter Bahnstrecken, etc.), sollte unsere bedingungslose Unterstützung finden – oder, falls noch nicht vorhanden, von uns initiiert werden. Gerade in den städtischen Ballungsräumen sollten wir unsere konventionell betriebenen Fahrzeuge so wenig wie möglich bewegen und nach Alternativen suchen. Ohne einen gewissen Mehraufwand zu Beginn lässt sich eine Verkehrswende nicht erreichen. Wenn die Bereitschaft seitens der Bevölkerung vorhanden ist, lässt sich auch der politische Betrieb, der gesellschaftlichen Entwicklungen oft hinterherhinkt, in die richtige Richtung bewegen.

ENERGIE

Hier eine Binsenweisheit, die in ihrer Banalität geradezu lächerlich wirkt, es aber genauer betrachtet wirklich in sich hat: *Alles ist Energie.* Wir müssen verinnerlichen, dass die Produktion eines Konsumartikels oder eines Lebensmittels, dass der Antrieb eines

---

[44] Bei der Debatte um Klimaschutzmaßnahmen wird gerne übersehen, dass der weltweite Schiffsverkehr mit ca. 3% Anteil am gesamten CO2-Ausstoß den Flugverkehr hinter sich lässt; zudem ist die Hochseeschifffahrt für 15% der globalen Stickoxidemissionen und 13% der Schwefeldioxidemissionen verantwortlich. Die ökologischen Belastungen durch auf hoher See ins Wasser geleitete Schweröl und andere schmutzige Hinterlassenschaften trüben das Nachhaltigkeitsbild für Kreuzfahrten und Handelsmarine weiter ein.[4]

motorisierten Fortbewegungsmittels, der Einsatz eines Computers oder schlicht das Internet an sich Energie benötigen und damit direkt wie indirekt die Rohstoffe unseres Planeten verbrauchen. Solange wir nicht zweifelsfrei nachvollziehen können, ob der Strom für unser Elektroauto oder für die Fabrik unseres Möbelherstellers erneuerbar sind oder das Futtermittel unseres Rindfleisches nachhaltig produziert wurde, ist jedes Joule, das wir in Anspruch nehmen, für CO_2-Emissionen und Umweltzerstörung verantwortlich – durch Kohletagebau, Uranförderung, Urwaldabholzung, Erdöl in der Plastikproduktion, und so weiter. Solange wir nicht sicherstellen können, dass für unseren Konsum und die Verkehrsmittel unserer Wahl nachhaltige Energiequellen verwendet werden, verbrauchen wir Energie auf Kosten unserer Um- und Nachwelt. Mit diesem Grundsatz lässt sich praktisch jede Handlung des Alltags kritisch reflektieren – und mit energiesparsamem Verhalten in vielen Fällen auch der eigene Geldbeutel schonen. Die entsprechenden Maßnahmen überschneiden sich erwartungsgemäß zum großen Teil mit den bereits oben aufgeführten Vorschlägen bei den Themen Reisen und Konsum: kein überschüssiges Wasser erhitzen, Konsumartikel so lange es geht verwenden und lieber reparieren als neu zu kaufen, Ausschau nach gebrauchten Produkten halten, wenig Auto fahren, Fahrgemeinschaften organisieren, wenn möglich ÖPNV nutzen, vernünftig heizen und kühlen (bzw. für ausreichend Isolierung sorgen), möglichst regionale Lebensmittel und Konsumprodukte kaufen, Standby-Strom reduzieren, Umstieg auf einen grünen Stromtarif und so weiter. Leisten können muss man sich natürlich die Unabhängigkeit von konventionellen Energieriesen wie ENBW, RWE oder EON mittels Photovoltaik; Glück muss man haben, wenn man in einer Kommune wohnt, in der die Gemeinschaft sich zum Ziel gesetzt hat, „energieautark" zu werden.[45]

---

[45] In Deutschland gibt es bereits rund 100 Kommunen, die sich Unabhängigkeit

Den „Gürtel enger schnallen" zum Wohle unserer Nachwelt heißt selbstverständlich nicht, sich technologisch zurück in die Steinzeit zu begeben, völlig auf Fernreisen zu verzichten oder nie wieder neu produzierte Konsumgüter zu erwerben. Es bedeutet, das eigene Verhalten hinsichtlich Energieeffizienz und nachhaltigem Konsum anzupassen. So lange nicht technische Innovationen in einem bestimmten Bereich zum Durchbruch kommen (sei es die Brennstoffzelle, flächendeckende Solarstromnutzung, gezüchtetes Fleisch aus der Petrischale, …), ist es unerlässlich, über kosmetische Veränderungen unseres Verhaltens hinaus neue Wege zu beschreiten. Umzukehren. Und dabei rationale Argumente zu Rate zu ziehen und die Moralkeule im Schrank zu lassen. Dass der Energieverbrauch des Internets beispielsweise mittlerweile mehr CO_2 verursacht als der weltweite zivile Flugverkehr dürfte schnell als Bumerang-Argument zurückkommen: „Sollen wir etwa aufhören, das Internet zu nutzen?" Nein, ebenso wenig wie in Zukunft die ferne Cousine in Neuseeland auf unseren Besuch verzichten muss. Es geht um die Gesamtbetrachtung, es geht um die Suche nach gangbaren Alternativen. Bei den genannten Beispielen könnte dies heißen, gelegentlich den persönlichen Streaming-Verbrauch zu reduzieren, nicht alle zwei Jahre ein neues Smartphone zu kaufen, einen Städtetrip in Europa weniger mit dem Flugzeug zu planen oder dabei zumindest den persönlichen CO2-Ausstoß zu kompensieren.[46]

---

von den großen Energieversorgen zum Ziel gesetzt haben bzw. durch etliche Maßnahmen ihren Gesamtenergiebedarf drastisch senken konnten.[5]

[46] Es erscheint geradezu grotesk, doch die gesamte Energie für Infrastruktur, Betrieb und die Endgeräte, mit denen wir das Internet nutzen, betrug 2019 knapp 3% des weltweiten Energieverbrauchs – Tendenz steigend –, verbuchte damit einen ähnlichen Anteil wie die weltweite Schifffahrt und ließ den weltweiten zivilen Flugverkehr bereits hinter sich. Verantwortlich dafür ist vor allem das Streaming großer Datenmengen (insbesondere hochauflösender Filme), das

Die oben genannten Richtlinien sollten wir nicht nur im engen familiären Rahmen beherzigen, sondern uns darum bemühen, sie auch über das persönliche Umfeld hinaus zur Durchsetzung zu bringen. Nicht missionarisch mit der Brechstange, sondern vernünftig, argumentativ sollten wir wirken – in unseren Vereinen, Gemeinden, vielleicht sogar an unserem Arbeitsplatz. Unsere Gemeinde hatte sich für den Bau ihres Gemeindehauses verschuldet, und nach Ablauf der Zinsbindung stand die Frage im Raum, wo man die Anschlussfinanzierung unterbringen wollte. Beim Kreditinstitut mit den besten Zinskonditionen? Oder bei einer Bank, die explizit jedes Investment in ethisch fragwürdige Bereiche ausschließt, jedoch einen etwas höheren Zins verlangt? Oder: Wo soll das Fleisch für das nächste Sommerfest herkommen? Vom Discounter, oder – zum beinahe doppelten Preis – von einem Metzger, der sein Fleisch aus der Region bezieht? Oder: Können wir es uns nicht leisten, die Stromversorgung unseres Vereinsheims mit einem Ökostromtarif (am besten gleich bei einem reinen Ökostromanbieter) abzudecken? Oder: Muss der Auslandsaufenthalt der Schulklasse unserer Kinder unbedingt mit einer Flugreise verbunden sein?

Übertragen wir das kritische Reflektieren von Konsum-, Geldanlage- und Reiseverhalten auf die Bereiche, in denen wir sozial eingebunden sind, beginnt sich der Impact unserer Umkehr zu erhöhen und, wenn es gut läuft, zu vervielfachen.

Die bisher beschriebenen Maßnahmen lesen sich für Veränderungsverweigerer vermutlich wie die verpönten „links-grün-versifften" Ideen eines Gutmenschen, der vom Staatssozialismus

---

2019 allein 60% des gesamten Datenvolumens umfasste und dadurch ca. 200 Milliarden kWh Strom im Jahr benötigte.[6]

träumt und sich über einen möglichen Zusammenbruch unseres Wirtschaftssystems keine Vorstellungen macht. Doch es hilft nichts, sich in ideologischen, überholten Denkmustern aufzuhalten und die persönliche Verantwortung für das, was um uns herum geschieht, abzustreiten. Die Zeit ist knapp, und auch wenn wir mit den oben beschriebenen Schritten zunächst nur im engen, persönlichen Rahmen vorwärtskommen, muss dieser Anfang gemacht werden. Die Abkehr vom profitgetriebenen, ungebremsten Wachstum bzw. die Umkehr hin zu einer Wirtschaft der Vernunft, die den Menschen und die Natur nicht nur als Ressource sieht, sondern ihren Schutz und ihr Wohlergehen in den Mittelpunkt stellt, darf nicht immer weiter aufgeschoben werden mit dem Argument, der Kapitalismus habe sich nun mal weltweit etabliert und seine Abschaffung könnte unkalkulierbare Verwerfungen nach sich ziehen. Die Probleme haben wir schon längst! Soziale Unruhen und Aufstandsbewegungen sind im reichen Kerneuropa nur noch kein flächendeckendes Phänomen, weil es auch den sozial Abgehängten im globalen Vergleich noch verhältnismäßig gut geht. Und lässt sich ein „Weiter so!" bzw. ein allzu bedächtiges Umschwenken rechtfertigen, wenn unsere Art, zu wirtschaften, täglich in anderen Teilen der Welt Menschenleben fordert und unseren Nachkommen immer größere Hypotheken in Form von klimatischen Verwerfungen und gesellschaftlicher Spaltung anhäufen?

Mit der Umstellung unseres Reise-, Konsum- und Geldanlageverhaltens sorgen wir zunächst im für uns möglichen Maße dafür, dass unsere Um- und Nachwelt durch uns weniger geschädigt wird, und dass Unternehmen, die Profitmaximierung auf Kosten der Allgemeinheit in den Vordergrund stellen, an Unterstützung verlieren. Der „große Wurf" ist das allein, zugegebenermaßen, allerdings noch nicht.

II. AKTIVE VERÄNDERUNG DER POLITISCHEN RAHMENBEDINGUNGEN

KOMMUNALPOLITIK

Wie bereits erwähnt, verändern wir mit einer Neuausrichtung unseres persönlichen Konsumverhaltens nur in kleinem Maße die Welt. Ohne die entsprechenden politischen Rahmenbedingungen, ohne wirksamere, gesellschaftlich sinnvolle Regeln für die Finanzwirtschaft, ohne wirksame, gemeinwohlorientierte Richtlinien für die großen Aktienunternehmen bewegen sich eben diese Konzerne bestenfalls sehr langsam von ihrer reinen Profitorientierung weg. Doch wie können diese veränderten Spielregeln erreicht werden, in unseren Demokratien, wo die Grenzen zwischen politischen und wirtschaftlichen Spitzenämtern durchlässig sind, wo Lobbygruppen der Autoindustrie, der Agrarverbände oder der Pharmaunternehmen bisweilen sogar die Gesetzestexte diktieren, die die Rahmenbedingungen ihrer Unternehmenspolitik festlegen?

Wer die Zeit, die Geduld und den Mut hat, sich parteipolitisch zu engagieren, dem sei dieser Weg auf alle Fälle nahegelegt. Um bis auf Bundesebene zu Einfluss zu gelangen, ist allerdings ein langer Atem nötig. Von außen betrachtet ist die Karriere in einer politischen Partei auch mit zahlreichen Stolperfallen gespickt: Ohne einen großen Unterstützerkreis erreicht man keinen nennenswerten Einfluss, und Unterstützung erfordert wiederum zu viele Kompromisse auf vielen Ebenen. Und am Ende ist es der Kanzler einer vermeintlich sozialdemokratischen Partei, der die sozial härtesten Reformen anpackt, um den Wirtschaftsstandort Deutschland auf Vordermann zu bringen... Auf kommunaler und regionaler Ebene kann man seinen eigenen Idealen vermutlich leichter treu bleiben und verhältnismäßig schnell konstruktiv Einfluss ausüben.

Und da die Fragen, welche umweltpolitischen Wege unsere Kommune einschlagen soll, wie sinnvolle Integrationsmaßnahmen für Geflüchtete aussehen oder wie das Gemeinwohl und die Gemeinschaft vor Ort gestärkt werden könnten, nicht von der Bundespolitik diktiert werden, macht politisches Engagement gerade auf kommunaler Ebene grundsätzlich Sinn. *Perspective Daily*, eine Plattform für konstruktiven Journalismus, hat einen „7-Punkte-Plan" aufgestellt, in dem die verschiedenen Möglichkeiten politischer Einflussnahme von uns Einzelbürgern aufgezeigt werden.[7] Folgende Punkte werden darin aufgeführt:

* Bürgeranträge stellen
* Bürgerentscheide initiieren
* Bürgerinitiativen gründen bzw. einer solchen beitreten
* Ratssitzungen besuchen
* Politische Repräsentanten kontaktieren
* Die lokalen Medien einbeziehen
* Sich für ein kommunalpolitisches Amt aufstellen lassen

Auch wenn die jeweiligen Maßnahmen mit Aufwand verbunden sind: Zumindest ist es allen Bürgerinnen und Bürgern einer deutschen Kommune möglich, auf diese Weisen Einfluss auf die Lokalpolitik zu nehmen. Mit beleidigten Nörgeleien über „die da oben", die Entscheidungen über unsere Köpfe hinweg treffen, macht man es sich zu einfach. Niemand hindert uns an daran, diese urdemokratischen Beteiligungsmöglichkeiten wahrzunehmen.

GEGEN-LOBBYISMUS

Verstärktes, gar berufliches politisches Engagement ist mit Sicherheit nicht jedermanns Sache. Und in meinen Augen ist es für unser verkrustetes politisches System, das selbst die revolutionärste Partei pragmatisch zurecht schleift, sobald sie an die Macht gelangt, enorm wertvoll, wenn sich auch außerparlamentarisch starke politische Gruppierungen aufstellen. Das Gegengewicht zu den neoliberalen Lobbyorganisationen ist noch viel zu gering, doch Bewegungen wie *Fridays for Future* oder *Extinction Rebellion*, NGOs wie Greenpeace, Lobbycontrol oder die „Bürgerbewegung Finanzwende" bilden bereits eine stabile außerparlamentarische Opposition, die längst mehr bewirkt, als ihre Initiatorinnen und Initiatoren zu träumen gewagt haben. Deren Erfolge sind selten so sensationswirksam wie die Abschaffung von FCKW oder die Ausrufung des „Klimanotstandes" in diversen deutschen Kommunen, doch in vielen kleinen Schritten haben diese und ähnliche APO-Gruppen bereits zahlreiche Verbesserungen für Umwelt und Gesellschaft erreicht. Ich appelliere an alle Bürgerinnen und Bürger, sich auf die Suche zu machen nach zumindest einer Gruppe, mit deren Zielen sie sich identifizieren können und die politisch für das Gemeinwohl wirkt: Umweltschutz, Kampf gegen die Hinterzimmerpolitik von Wirtschaftsverbänden, Widerstand gegen die Rüstungsindustrie, bessere Regeln und Schutz der Bürger vor den Exzessen der Finanzindustrie (oder wollen wir bei der nächsten Finanzkrise wieder mit unseren Steuergeldern für den Spekulationswahnsinn der Fondsmanager einspringen?), Einsatz für faire Handelsbedingungen und -beziehungen mit Ländern des globalen Südens (wie soll eine sinnvolle „Bekämpfung von Fluchtursachen" auch sonst aussehen?), Entwicklung menschenfreundlicher Verkehrskonzepte in den Großstädten, Kampf gegen Mietwucher und Immobilienspekulationen mit öffentlichem Wohneigentum, Erhalt menschenwürdiger, nicht-profitorientierter Pflegeeinrichtungen, … - ich muss nicht mit all diesen Zielen übereinstimmen, aber für den sozialen Frieden (wenigstens in unserem Land) und für den Schutz der Umwelt lässt sich zweifellos mindestens *eine* Organisation finden, in der wir uns engagieren oder die wir zumindest finanziell unterstützen können. Ich bin überzeugt davon, dass nur ein breiteres gemeinnütziges Engagement der Bevölkerung in den reichen Industrienationen etwas dahingehend bewirkt, dass unsere Politik und unser Wirtschaftsbetrieb endlich stärker den Mensch in den Mittelpunkt stellen und sich nicht länger ausschließlich an Profitmaximierung orientieren, die direkt und indirekt Kriege verursacht, ganze Gesellschaften ins Elend stürzt und unsere Ökosysteme ruinieren.

INFORMIEREN. VERNETZEN.

Vor einigen Jahrzehnten wurde das Privatfernsehen noch für die Verdummung der Gesellschaft verantwortlich gemacht. Heute lautet die Leier, wir seien alle Sklaven unserer Mobiltelefone. Über die positive Wirkung der umfänglichen medialen Möglichkeiten wird in diesem Zusammenhang selten gesprochen – ich möchte es gerne so zusammenfassen: Die neuen Medien bieten (so wie die Vielfalt an TV-Kanälen) umfassende Möglichkeiten, sich zu informieren und ein tieferes Verständnis für die Zusammenhänge der globalisierten Welt zu bilden. Gleichzeitig besteht die Gefahr, tatsächlich zum reinen Konsumenten nutzloser Informations- und Unterhaltungskanäle zu werden, oder, noch schlimmer, der einen oder anderen manipulativen Informationsquellen auf den Leim zu gehen. Positiv formuliert: Jeder braucht etwas Zerstreuung vom beruflichen Alltag oder vom familiären Stress, doch wenn es unser persönlicher Grad an Erschöpfung und unsere zeitlichen Ressourcen zulassen, sollten wir beginnen, die Zeit, die wir mit reinem „Entertainment" bzw. Konsumieren verbringen, mehr und mehr informativeren Medien zu widmen. Politische Fragestellungen sind nicht jedermanns Sache, aber anstelle von ziellosem Gesurfe könnte hier oder da ja auch eine Nachrichten-App oder ein Info-Video auf Youtube geklickt werden. Ein wichtiger Ansatz für eine möglichst kritische Informationsbeschaffung ist dabei, immer wieder unterschiedliche Quellen zu Rate zu ziehen. Auch vermeintlich objektive Medien wie die Nachrichtensendungen der Öffentlich-Rechtlichen unterliegen in der Redaktionsarbeit Einflüssen von außen, die oftmals alles andere als objektiv sind (wie in Kapitel 4 über die bedenklichen Verbindungen von Medien, Wirtschaft und Politik beschrieben). Auch für diese Streitschrift habe ich versucht, Informationen aus so vielen unterschiedlichen Quellen wie möglich zu sammeln. Es ist essenziell notwendig, dass die Mitglieder unserer Gesellschaft sich umfangreicher informieren, um nicht politischen Rattenfängern in die Fänge zu geraten, aber auch, um nicht frustriert von der Bundespolitik in fatalistische Resignation zu verfallen. Ein Teil der Zeit, die wir für Konsum – ob von Konsumgütern oder Unterhaltungsmedien – aufbringen, sollten wir verwenden, um unser Bild von unserer Gesellschaft und unserer Welt zu erweitern. Oder wollen wir uns damit zufriedengeben, eine kritiklose, ergeben konsumierende Ressource im Wirtschaftsbetrieb der großen Konzerne zu sein?

Selbstverständlich ist einmal mehr die Ressource *Zeit* dafür entscheidend, wie umfangreich wir uns informieren und engagieren können. Der Vorteil, den wir verglichen mit früheren Generationen haben, ist allerdings, dass Vernetzung und Informationsaustausch heutzutage viel einfacher sind als in früheren Epochen. Die weltweite Vernetzung und Digitalisierung sind Fluch und Segen zugleich: Unsere Verantwortung, unsere Position im kapitalistischen Treiben wird uns gnadenlos aufgezeigt; gleichzeitig haben wir es viel leichter, an Informationen zu gelangen und uns auszutauschen. Und um nicht nur im eigenen Meinungssumpf stecken zu bleiben, ist es ausgesprochen wichtig, sich zu vernetzen und dabei über den eigenen Tellerrand hinauszublicken. Vernetzung funktioniert in einem Verein, im Freundeskreis, in einer Gemeinde etc. natürlich ebenso gut wie auf einer Online-Plattform. Um die eigene

Position immer wieder kritisch zu hinterfragen, ist es aber selbstverständlich auch nötig, nicht nur unter seinesgleichen zu bleiben, sondern auch Austauschmöglichkeiten mit Andersdenkenden wahrzunehmen.

WIDERSTAND

„Widerstand" ist ein harter, ein kompromissloser Begriff und für viele in unserer augenscheinlich friedlichen Gesellschaft wahrscheinlich negativ besetzt. Am Beispiel der Rodungsgegner im Hambacher Forst lässt sich deutlich machen, wieso ziviler Ungehorsam und damit Widerstand aber gerade in unserer Gesellschaft (wieder) stärker gefordert sind: Lassen wir es zu, dass Politik und (in diesem Fall Energie-)Wirtschaft unter sich ausmachen, wie die Zukunft in unserem Land aussehen soll, werden noch weitere Dörfer und Wälder dem Erdboden gleichgemacht – für eine Energietechnologie, die längst ausgedient hat und deren Anteil an den weltweiten CO_2-Emmissionen den Spitzenplatz einnimmt. Selbstverständlich ist auch der Stillstand nicht wünschenswert, der bei Widerstand gegen jedes erdenkliche Infrastrukturprojekt in unserem Land eintreten würde, und selbstverständlich müssen beim anstehenden Umbau eines Wirtschaftszweiges alle Aspekte mitbedacht werden, also auch die sozialen Fragen um die Perspektiven für Angestellten des betroffenen Sektors. Doch gerade wenn die politische Führungsschicht dermaßen offensichtlich Entscheidungen im Sinne einiger weniger Großkonzerne fällt, sind große Zweifel und hier und da tatsächlich ziviler Ungehorsam angebracht. Solange sich an unserem demokratischen Modell nichts ändert und die Bürgerschaft so wenig Einfluss auf die Gestaltung (bzw. Bewahrung) ihres Lebensraumes hat, gilt es, einschneidende Entscheidungen kritisch zu hinterfragen und ihnen gegebenenfalls

Widerstand zu leisten. Hätte es in Nordrhein-Westfalen eine stärkere Beteiligung aller Betroffenen des Kohletagebaus am Entscheidungsfindungsprozess geben, wären die Bilder aus dem Hambacher Forst womöglich nie entstanden. Doch so weit sind wir leider noch nicht. Und wo die Autoindustrie einen so großen, offensichtlichen Einfluss auf Landes- und Bundesregierungen hat, ist es verständlich und erwünscht, wenn sich Bewohnerinnen und Bewohner besonders stark betroffener Städte mit öffentlichkeitswirksamen Aktionen für eine Beschränkung des Autoverkehrs einsetzen.

Widerstand ist also nötig und wichtig, wo unwiderruflich natürliche Lebensräume zerstört werden, wo das Wohlbefinden der Bevölkerung gefährdet ist, oder, ganz allgemein, wo politische Entscheidungen offensichtlich in erster Linie profitgetrieben sind und dem Gemeinwohl schaden. Eine Beteiligung der Bevölkerung und eine genaue Abwägung der verschiedenen Interessen beim Entscheidungsprozess gerade bei Infrastrukturprojekten sind wünschenswert. Es kann dabei nie ausbleiben, dass einzelne Gruppen nicht zufrieden mit einer Entscheidung sind. Wenn diese letztlich im Sinne des Allgemeinwohls getroffen wird, müssen für die betroffenen Gruppen mindestens angemessene Kompensations- und Erleichterungsmaßnahmen vorgesehen sein. Das klassische Beispiel für einen solchen Konflikt ist die Problematik der Windenergie und der damit verbundenen Errichtung weiterer Stromtrassen. Auch ich bin für die verstärkte Nutzung regenerativer Energien – aber wenn es um die Errichtung eines Windparks in der Umgebung meines Wohnortes geht, habe ich plötzlich Schwierigkeiten. Die Politik und die betroffenen Wirtschaftszweige müssen nach technischen Lösungen suchen, die womöglich nicht die günstigsten sind, negative Auswirkungen auf die Bevölkerung aber weitgehend minimieren. Je dringender eine Maßnahme für das Allgemeinwohl ist, desto schwieriger wird es dabei, auf Einzelne Rücksicht zu nehmen – und doch dürfen sie in einer Demokratie nicht unter den Tisch fallen. Wenn aber hinter dem Rücken der Bevölkerung Entscheidungen getroffen und umgesetzt werden, die offensichtlich dem Gemeinwohl zuwiderlaufen und die womöglich unwiderrufliche Konsequenzen nach sich ziehen, ist im kritischsten Fall gewaltloser Widerstand angebracht.

III. ÜBERGREIFENDE GEDANKEN

Ist es eigentlich glaubwürdig, wenn der Pilot eines Verkehrsflugzeuges zu nachhaltigerem Handeln aufruft? Ist es unangemessen, als Teil der schrumpfenden Mittelschicht mehr soziale Gerechtigkeit zu fordern, wenn man sich einen Wohnsitz im Zentrum einer Stadt am oberen Ende der Immobilienpreistabelle leisten kann? Ich bin überzeugt davon, dass ein radikaler Ausstieg aus unserer Gesellschaft niemandem dauerhaft nützt und bestenfalls das eigene Gewissen beruhigt. Egal in welcher Branche wir unseren Lebensunterhalt verdienen, wir können überall Multiplikatoren und Motivatoren für Veränderung sein. Technologischer Fortschritt darf nicht pauschal verteufelt werden, sondern muss optimal genutzt und in gesamtgesellschaftlich positive Bahnen gelenkt werden. Die heutigen Reisemöglichkeiten, ebenso wie die schier grenzenlosen Vernetzungs- und Bildungsmöglichkeiten des Internets, haben in kürzester Zeit unser Weltbild verändert und unsere Perspektiven auf vormals ungeahnte Weise erweitert. Gleichzeitig kann der in diesen Bereichen erforderliche Ressourcenverbrauch nicht beschönigt werden. Augenmaß und das stetige Bestreben, ökologischere Lösungen zu finden, sind unabdingbar. Für mich bedeutet das, meinen Beruf so gewissenhaft wie nur möglich auszuüben, mit dem Bestreben, die uns gegebenen Handlungsfreiheiten zu nutzen und den Treibstoffverbrauch und die Lärmemission meiner Maschine zu minimieren – ein optimiertes Reiseflug- und Anflugprofil, soweit es die Flugsicherung und die Luftraumstruktur zulassen, mit möglichst langen Gleitflugphasen vor der Landung sind das Ziel. Beim Betrieb eines Verkehrsflugzeuges gehen Wirtschaftlichkeit und Minimierung des negativen Umwelteinflusses selbstverständlich Hand in Hand. Abseits meiner beruflichen Tätigkeit sind mir natürlich noch mehr Möglichkeiten geboten: Mit dem Zug statt mit dem Auto zur Arbeit zu fahren ist da nur der offensichtlichste Ansatz. Im privaten Bereich treffe ich auf all die oben genannten Handlungsoptionen wie jedes andere Mitglied unserer Gesellschaft auch, trage durch mein überdurchschnittliches Einkommen aber auch unbestreitbar eine entsprechend größere Verantwortung.

Zum Abschluss möchte ich noch einen Schritt weitergehen und unseren Blickwinkel vergrößern. Bis hier habe ich beispielhaft konkrete Maßnahmen aufgelistet, die von jedem einzelnen Mitglied unserer Gesellschaft ergriffen werden können, um eine Veränderung der problematischen wirtschaftlichen und politischen Strukturen anzustoßen. Ich wollte damit aufzeigen, dass es zahlreiche realistische Ansätze und Möglichkeiten gibt, selbst aktiv zu werden, und dass diese Möglichkeiten alles andere als wirkungslos bleiben müssen. Unsere singulären Handlungen haben vielleicht nicht unmittelbar einen globalen Impact, vielleicht sind sie aber auch genau der Tropfen, der das Fass zum Überlaufen bringt und einen Unternehmenschef zum Umdenken bewegt, eine Initiative durchstarten lässt oder einfach einem einzelnen verzweifelten Menschen in seinem Schicksal hilft. Unsere Handlungen können als Leuchttürme über ihren eigentlichen Zweck hinauswirken, als Inspiration und Denkanstoß für andere. Wir können Multiplikatoren sein, wir können verkrustete Denkweisen aufbrechen. Und die

Summe unserer Handlungen *wird* etwas bewirken, im positiven oder, wenn wir uns nicht an die eklatantesten Baustellen heranwagen, auch im negativen Sinn. Wir sollten uns unserer Verantwortung stellen.

Fragen wir uns nun noch einmal, worauf die hier vorgestellten Vorschläge abzielen sollten: Frieden herbeiführen – Ungerechtigkeit bekämpfen – die Zerstörung der Umwelt stoppen. Stellen wir die großen Fragen in den Mittelpunkt unseres Denkens! Nähern wir uns diesen großen, übergeordneten Zielen, indem wir sie als Grundpfeiler unserer Lebensausrichtung betrachten! Verankern wir die entsprechende Denkweise in allen uns erwartenden Lebensentscheidungen! Fragen wir uns also ganz grundsätzlich, wie wir für Frieden in der Welt eintreten können, wie wir soziale Gerechtigkeit fördern und herbeiführen können, und wie wir es anstellen, dass die Generationen nach uns einen bewohnbaren Planeten ohne verheerende Verteilungskämpfe vorfinden werden, so stellen wir unseren gesamten Lebensentwurf in ein neues Licht. Ja, vielleicht erkennen wir zum ersten Mal, dass der so altmodisch klingende Begriff eines „Lebenszieles" ganz neu mit Leben gefüllt wird. Nicht nur unsere Konsumentscheidungen, nicht nur ein vorübergehendes lokalpolitisches Engagement, sondern unsere gesamte Denkweise und unsere Sichtweisen von unseren Mitmenschen und unserem Ökosystem werden von diesen hehren Zielen her neu geprägt. Wie kann ich meinen Teil dazu beitragen, dass Frieden sich ausbreitet in den Konfliktzonen der Welt? Was kann ich der Ungerechtigkeit, die unser kapitalistisches System trotz aller Fortschritte gebiert, entgegensetzen? Wo sind meine Möglichkeiten, der Natur weniger zur Last zu fallen und unseren wunderbaren Planeten vor dem unkontrollierten Raubbau zu bewahren? Diese Fragen sollten Teil unseres Denkens und unseres Handelns als Bürgerinnen und Bürger einer reichen, einflussreichen Industrienation werden. Sie lassen uns erkennen, dass wir selbst sowohl

Teil des Problems als auch Teil der Lösung sind. Sie lassen uns unsere Verantwortung nicht länger von uns weisen, sondern bestärken uns, uns zu kümmern, uns zu informieren, zu vernetzen, alte Gewohnheiten zu hinterfragen, die Reichweite unserer Handlungen neu einzuschätzen, unsere Macht als Verbraucher zu akzeptieren und sinnvoll zu nutzen. Sie werden uns Orientierung geben, wenn wir uns überlegen, welche Werte wir unseren Kindern vermitteln wollen, sie werden uns Leitlinie sein bei allen künftigen Entscheidungen. Immer wieder neu werden wir abwägen, wie wir diese Ziele erreichen können. Es gibt nicht *zu viel* oder *zu wenig* des Guten, gewiss, und natürlich gibt es auch keine klaren Grenzwerte, was der oder die Einzelne in unserer Gesellschaft verändern und investieren sollte, um diesen übergreifenden Zielen zur Verwirklichung zu verhelfen. Niemand muss sich rechtfertigen, weniger zu diesem Befreiungsprozess beitragen zu können als andere. An allererster Stelle steht das Erkennen: Erkennen der eigenen Verantwortung, der Notwendigkeit, etwas zu verändern, und der Macht, die uns gegeben ist.

Wir können in Beziehungen und Freundschaften und darüber hinaus am Arbeitsplatz und in der Freizeit für faire Konfliktlösungen eintreten. Wir können uns in allen Lebensbereichen stark machen dafür, dass jene, die unsere Lebensmittel und Konsumgüter herstellen, vom Lohn ihrer Arbeit leben können. Wir können dafür sorgen, dass unser direkter und indirekter Ressourcenverbrauch abnehmen. Wir können unsere Ideen und gesellschaftlichen Verbesserungsvorschläge an die Politik durch unser Wahlverhalten, aber vor allem auch auf vielen anderen – direkteren – Wegen artikulieren. Wir können uns gesellschafts- und umweltschädigendem Verhalten in den Weg stellen. Wir können Diskriminierung und Ausgrenzung anprangern und Zivilcourage zeigen. Wir können und müssen den Stimmen in unserer Gesellschaft Gehör verschaffen, die sich abgehängt und benachteiligt fühlen. Wir können initiativ positive Veränderungen anstoßen und bereits bestehende Bewegungen begleitend unterstützen. Wir können und sollen in Diskussionen abweichenden Meinungen Raum geben, kritikfähig bleiben, aber doch beharrlich für Gerechtigkeit einstehen und Verantwortungsbewusstsein einfordern, unter stetiger Abwägung der individuellen Möglichkeiten und Belastungsgrenzen. Wir können und müssen die Stimme erheben für jene, die in unserer Weltordnung keine Stimme haben. Wir können dafür sorgen, dass mit unserem Geld keine ethisch problematischen Geschäftsbereiche mehr finanziert, sondern gesellschaftlich sinnvolle Bereiche unterstützt werden. Wir können den finanziellen Spielraum, den uns unser Einkommen ermöglicht, nutzen, um nicht nur unsere persönlichen Bedürfnisse zu erfüllen, sondern auch nachhaltigen Förderprojekten zum Erfolg zu verhelfen – oder wo wir es sehen auch schlicht die akute Not eines Einzelnen lindern. Wir können unsere freie Zeit nutzen und uns in einem gesellschaftlich wertvollen, gemeinnützigen Bereich einbringen, der uns wichtig erscheint.

Wir können. Wir haben es in der Hand.

In der 2019er Oktoberausgabe der *Le Monde diplomatique* schreibt der Soziologe Stephan Lessenich in seinem Artikel „Wir sind nie demokratisch gewesen" über vier grundsätzliche, systemimmanente Probleme unserer Demokratie: Es besteht schon immer Ungleichheit in den Gestaltungsmöglichkeiten der eigenen Lebensumstände, je nachdem ob man Kapitaleigentümer/in ist oder in Lohnabhängigkeit steht. Die gesellschaftliche Schicht, welche die Macht ausübt, hat herzlich wenig Interesse daran, *allen* Bürgerinnen und Bürgern volle politische Mitsprache, soziale Teilhabe und freie persönliche Selbstbestimmung zu gewähren. Einzelne gesellschaftliche Gruppen üben nach außen hin häufig eine Abgrenzung aus, die sich durch den Ausschluss Anderer definiert. Schließlich: Die uneingeschränkte Ausbeutung natürlicher Ressourcen und die Entsorgung der entsprechenden „Rückstände" werden als Bestandteil demokratisch fundierter Freiheit angesehen. Der Politologe Colin Crouch wiederum kritisiert in seinem Buch „Postdemokratie", dass die Freiheit aller Beteiligten eines demokratischen Staatswesens von jenen mit den größten Einflussmöglichkeiten genutzt wird, um die gesellschaftliche Entwicklung und die Verteilung von Wohlstand in ihrem Sinne zu regeln: Freiheit und Gleichheit sind in unseren kapitalistischen Demokratien eben *nicht* gleichermaßen verteilt; politische Einflussmöglichkeiten geraten in Schieflage. „Gerecht" ist an einer solchen Scheinfreiheit umso weniger, je stärker die Besitzstandswahrer in den mächtigsten Positionen den Staat in ihrem Sinne „verschlanken", das Steuersystem in ihrem Sinne verstümmeln lassen und dafür sorgen, dass soziale Verantwortung weder von den großen Aktiengesellschaften noch den immer schlankeren Institutionen des Staates wahrgenommen wird bzw. werden kann. „Nur die Starken können sich einen schwachen Staat leisten", so Norbert Walter-Borjans, ehemaliger Finanzminister Nordrhein-Westfalens und SPD-Vorsitzender, der mit dem Kauf von CDs mit Daten deutscher Steuerhinterzieher Schlagzeilen machte.

Unsere demokratischen Staaten scheinen historisch betrachtet den bestmöglichen Kompromiss aus Gewährleistung persönlicher Freiheit, staatlicher Einflussnahme und wirtschaftlicher Gestaltungsmöglichkeiten für Kapitaleigentümer darzustellen. Und doch zeigt sich in den genannten Missverhältnissen, dass sie stark reparaturbedürftig sind. Wie könnten Ansätze zu einer Reform, bis hin zu einem Systemwechsel aussehen?

Funktionierende Alternativen zum kapitalistischen Wirtschaftssystem wurden bislang in der Praxis noch nicht erprobt. Wollen wir jedoch nicht durch den Beibehalt des Status quo größere ökologische Verwerfungen und soziale Zerreißproben für unsere Gesellschaft riskieren, müssen wir zumindest einen konsequenten Übergang zu einer Wirtschaftsform wagen, die unternehmerische Freiheit, Gemeinwohl und soziale Gerechtigkeit gleichermaßen berücksichtigt. Um Politik und Unternehmen in diese Richtung zu bewegen, muss das Volk, der verfassungsgemäße Souverän eines demokratischen Staates, nicht nur auf dem Papier Souverän sein, sondern diesen Status auch praktisch ausfüllen können. Aktuell sind zu viele Kräfte einflussreicher als der verfassungsgemäße Souverän. Gewinnt nun jedes einzelne Mitglied einer demokratischen Gesellschaft die ihm zustehende Macht zurück, wird gewährleistet, dass die Stimme jedes Mitgliedes gleich viel wert ist, und kann jedes Mitglied seine Bedürfnisse bei einer Wahl oder in einem entsprechenden Gremium artikulieren, wäre ein großer Schritt hin zu einer wirklich sozial gerechten Gesellschaft erreicht. Vermutlich würden sich die politischen Parteien inhaltlich auch wieder klarer voneinander abgrenzen. Es wäre also für die aktuell tatsächlich abgehängten Bürger unseres Landes nicht egal, welche

Partei nun gerade in Regierungsverantwortung stünde. Darüber hinaus müssen, wie bereits erwähnt, externe Lobbyeinflüsse zurückgedrängt und Amtszeiten begrenzt werden. Heißt: Offenlegung aller Lobbykontakte von Parlamentariern, längere Karenzzeiten für den Wechsel zwischen politischem und wirtschaftlichem Amt (und umgekehrt), keine Mitwirkung von Nicht-Regierungsmitgliedern an Gesetzestexten. Ein völlig neues Maß an Transparenz im politischen Betrieb ist vonnöten, um die Einflussnahme nicht-demokratisch legitimierter Mächte einzudämmen.

Ein entscheidendes Mittel, dem Volk wieder zu seiner Rolle als Souverän zu verhelfen, wäre die Ergänzung unseres parlamentarischen Systems durch Räte: Einerseits durch Expertenräte aus Forschung, Wissenschaft und Wirtschaft, andererseits durch Bürgerräte, deren Teilnehmer und Teilnehmerinnen nach dem Zufallsprinzip repräsentativ aus der gesamten Bevölkerung ausgewählt werden. Die Bürgerräte sollen über aktuelle Themenkomplexe und Anliegen der Gemeinschaft beraten und diese an die Parlamente herantragen können, mit denen sich diese anschließend bindend beschäftigen müssen. Sämtliche Kommunikation muss öffentlich sein, und die jeweilige Regierung muss zu dem entsprechenden Anliegen in einem bestimmten Zeitrahmen einen Beschluss fassen. Die Expertenräte könnten sowohl die Parlamente transparent beraten als auch den Bürgerräten beratend zur Seite stehen; korrupte Einflüsse auf die Experten müssten durch Maßnahmen wie kurze Mandatszeit oder Auswahl aus möglichst vielen unterschiedlichen Instituten minimiert werden. Wenn also ein Bürgerrat das Anliegen einbringen möchte, die Luftverschmutzung in den Ballungsgebieten zu reduzieren, sollen die Expertenräte die effektivsten Möglichkeiten finden und die jeweilige Regierung schließlich die entsprechenden Maßnahmen besprechen und beschließen. Pflichtgemäß müsste die jeweilige Regierung sich mit den Anliegen befassen und möglichst Gesetzesinitiativen auf den Weg bringen. Sich widersprechende Anliegen sollten in Mediationsverfahren behandelt werden. Schafft es die aktuelle Regierung im genannten Beispiel nicht, Initiativen zur Luftverbesserung in den Städten umzusetzen, geschieht dieses Scheitern in aller Öffentlichkeit, was angesichts des drohenden Machtverlustes bei der nächsten Wahl eine ungekannte Handlungsmotivation für die Regierungen bedeuten dürfte.

Dies sind nur einige rudimentäre Ideen, doch entsprechende Ansätze und erste Gehversuche gibt es bereits: beispielsweise in Form der immer zahlreicheren Hausparlamente (initiiert von der Bürgerbewegung *Pulse of Europe*), die sich in Europa bilden, oder auch in Form des „Bürgerrats Demokratie" (gestartet vom Verein *Mehr Demokratie e.V.*), der bereits einen ersten bundesweiten Testlauf hinter sich hat. Die NGO- und Thinktank-Plattform *economy4mankind.org* hat ihrerseits ein sehr detailliertes Konzept für eine Regierungsform mit fest verankerten Bürgerparlamenten ausgearbeitet.[8] In Frankreich hat die Regierung Macron bereits konkrete Schritte zur Etablierung eines Bürgerparlamentes geschaffen. Dieses repräsentative Gremium bekam als erstes die Aufgabe gestellt, wie Treibhausgasemissionen in Frankreich auf sozial gerechte Weise um mindestens 40% (im Vergleich zu 1990) bis 2030 reduziert werden können. Ziel der Regierung ist, dass über die Empfehlungen des Bürgerparlamentes in einem nationalen Referendum oder im landesweiten Parlament abgestimmt werden soll – oder diese womöglich direkt als Gesetz umgesetzt wird.

Nachwort

Kurzzeitig schien es, als hätte das Weltgeschehen meinem Buch die Aktualität genommen: Gerade am Ende des zwölfmonatigen Schreibprozesses angelangt, überlagerte die aufkommende SARS-CoV-2-Pandemie auch jene Problemfelder, die ich in „Befreiung" thematisieren wollte. Meine Arbeit schien etwas aus der Zeit gefallen. Es dauerte allerdings nicht lange, bis sich abzeichnete, dass diese weltweite Bedrohungslage eher als Brennglas und Verstärker für die bereits existierenden und lange schwelenden Konflikte und Krisen wirken dürfte.

Obwohl praktisch alle Staaten mit dem Virus zu kämpfen haben und Krankheitsfälle quer durch alle Bevölkerungsschichten verzeichnet wurden, haben jene Länder und Teile vieler Gesellschaften mehr mit den Folgen von Covid-19 zu kämpfen, die auch vor dem Ausbruch schon benachteiligt waren: Länder mit schlechter medizinischer Infrastruktur sehen sich gewaltigen Herausforderungen gegenüber; Tagelöhner, Geringverdiener, Zeitarbeiter gehen wirtschaftlich düsteren Zeiten entgegen, da ihnen die Reserven fehlen, ihren Verdienstausfall zu überbrücken; Menschen mit chronischen Vorerkrankungen gehören zu den Hauptrisikogruppen; Wohnsitzlosen mangelt es noch gravierender an entsprechender Versorgung und einem sozialen Netz; Kinder, die in ihrer Kernfamilie elterlichen Gewaltausbrüchen ausgesetzt sind, haben noch weniger Flucht- und Rückzugsmöglichkeiten; Menschen in Flüchtlingsunterkünften und provisorischen Auffanglagern ist es gänzlich unmöglich, einem Seuchenausbruch auszuweichen. Doch auch aus den Vereinigten Staaten wird berichtet, wie massiv eine solch umfassende medizinische Krisensituation durch das jahrzehntelang vorangetriebene neoliberale Spardogma im öffentlichen Wesen befeuert wird: Bundesstaaten, die sich bei der Regierung gegenseitig überbieten müssen, um die (allerdings oft hoffnungslos veralteten) medizinisch nötigen Gerätschaften zu erhalten; Millionen von Menschen, die ohne Krankenversicherung schon unter alltäglichen Bedingungen meistens durchs Versorgungsraster fallen; zahllose Migranten, die aus Furcht vor Registrierung und Abschiebung nicht bei Ärzten vorstellig werden und dadurch die Verbreitung des Virus anfachen. Von der phänomenalen Unfähigkeit der amtierenden Regierung soll an dieser Stelle geschwiegen werden.

Gleichzeitig verliert die mediale Berichterstattung andere Problemfelder aus dem Blick, die noch bis zum Jahresanfang 2020 zumindest vorübergehend die Schlagzeilen bestimmten: Über die verheerenden Brände in Australien und deren langfristigen Folgen denkt außerhalb des Inselkontinents niemand mehr nach, und die Regierung in Canberra atmet dieser Tage vermutlich insgeheim auf über diese unverhoffte Entlastung, sich nicht mehr für ihren uneingeschränkten und kritiklosen Unterstützungskurs der ungebremsten Kohlegewinnung und Verfeuerung rechtfertigen zu müssen. Die Mordserien an Menschenrechtsvertretern und Umweltschützerinnen in Südamerika werden immer noch täglich länger, autoritäre Regierungen machen sich den Ausnahmezustand zunutze und unterdrücken Widerstandsbewegungen im Namen der Virusbekämpfung, ohne dass nennenswert darüber berichtet wird. In Europa werden die Bürgerinnen und Bürger gelegentlich vielleicht noch durch dramatische Bilder von den unsäglichen Zuständen in den Flüchtlingslagern an seinen südlichen Grenzen aufgerüttelt, doch an der Frage, wie langfristig etwas an den Ursachen von Kriegs- und Elendsflucht geändert werden kann, verliert aktuell kaum jemand noch einen Gedanken. Verständlich, wenn die persönliche berufliche Zukunft und die Gesundheit der eigenen Familie bedroht ist. Verständlich, wenn Regierungen nun in erster Linie die medizinische Lage im eigenen Land ganz oben auf der

Agenda haben. Ursache und Folgen der aktuellen Lage sollten allerdings ebenso erforscht und analysiert werden wie die vormals aktuellen Krisenherde nicht aus dem Blick verloren werden dürfen. Alles andere wäre langfristig gesehen fatal.

Die Corona-Krise hat den „entwickelten" Ländern die Verletzlichkeit ihres Wirtschaftssystems gnadenlos aufgezeigt. Grenzenloser freier Handel, die uneingeschränkte Auslagerungsmöglichkeit von Produktionsstätten eingeschlossen, haben zu einer globalen Verzahnung industrieller Produktion geführt, die in fast allen Branchen bereits ins Stocken gerät, wenn allein China, die „Werkbank der Welt", vorübergehend ausfällt. Billige Arbeitskräfte aus Osteuropa sind in Landwirtschaft und Handwerk im reicheren Kern des Kontinents unersetzlich, wie man sich in Deutschland im Jahr 2020 beschämt eingestehen musste. Und der Logistikriese Amazon, einer der (unverschuldet) großen Profiteure der Krise, offenbart ausgerechnet jetzt eine noch größere Dimension der Ausbeutung und Gängelung: Angestellte dürfen trotz Erkrankung nicht von der Arbeit fernbleiben, essenzielle Hygienemaßnahmen in den riesigen Warenlagern werden trotz Corona-Verdachtsfällen wochenlang nicht umgesetzt, das Personal sogar noch um zusätzliche Leiharbeiter aufgestockt, selbst in Zentren, in denen gehäufte Covid-19-Erkrankungen längst für eine Schließung selbiger hätten führen müssen.[1] Und dort, wo in unseren Ländern der profitgetriebene Privatisierungssog selbst das Gesundheitswesen erfasst hat, wird in einer Ausnahmesituation wie der SARS-CoV-2-Pandemie deutlich, dass ein rein am wirtschaftlichen Gewinn ausgerichteter Krankenhaus- und Pflegeheimbetrieb im schlimmsten Fall Menschenleben kostet.

Darüber hinaus erweist sich die Corona-Krise als weiteres eindeutiges Warnsignal, was geschieht, wenn der Mensch rücksichtslos und unüberlegt natürliche Lebensräume zerstört: So wie der stetig wachsende Ausstoß an Treibhausgasen den Klimawandel beschleunigt, so wie die jahrelange Verwendung von Fluorkohlenwasserstoffen die Atmosphäre zerstört hat, wie die großflächige Abholzung von Wäldern zu Bodenerosion und Überschwemmungen führt, so sorgt auch das Vordringen von menschlichen Siedlungen und die Rodung der hinderlichen Wälder dafür, dass Tiere ihre angestammten Lebensräume verlieren und sich gezwungenermaßen in unseren Wohngegenden niederlassen, wodurch wir vermehrt mit Keimen und Krankheitserregern in Kontakt kommen, auf die unser Immunsystem nicht vorbereitet ist.[47]

Ein Virus wie SARS-CoV-2, ein fatales Erdbeben, ein verheerender Tsunami sind wohl ebenso wenig göttliche Strafen für menschliches Fehlverhalten wie die Rache von Mutter Natur an ihren undankbaren Geschöpfen – unausweichliche Schicksalsschläge wie diese zeigen uns die Verwundbarkeit unserer Zivilisation allerdings gnadenlos auf. Ihre tödlichen Folgen werden zudem potenziert, wenn aus blankem Profitstreben infrastrukturelle Vorsorgemaßnahmen vernachlässigt werden, wenn der Fokus des Gesundheitswesens nicht auf optimaler Versorgung, sondern Gewinnmaximierung liegt, wenn Siedlungsgebiete in hochwassergefährdeten oder seismisch aktiven Regionen angelegt werden.

Epochale Krisen bieten auch immer Chancen für eine Neubesinnung. Spätestens nach dem Abklingen des neuartigen Coronavirus, wenn sich die Weltwirtschaft einigermaßen berappelt und der Staub sich gelegt hat, wäre der Zeitpunkt für eine umfassende kritische Analyse gekommen: Was ist schief gelaufen im Vorfeld? An welchen Stellen haben sich die eklatanten Schwächen unseres Wirtschaftssystems offenbart? Wo können wir ansetzen, um einen vergleichbaren Zusammenbruch in Zukunft zu vermeiden? Und

---

[47] Erwiesenermaßen steigt die Rate von Infektionskrankheiten tierischen Ursprungs in menschlichen Siedlungsgebieten an, wenn in unmittelbarer Nähe Wälder gerodet wurden – beim Auftreten von Ebola und weiteren Viruserkrankungen wurde dieser Zusammenhang bereits nachgewiesen.[2]

genau jetzt, wo wir schon dabei sind, könnte endlich ein Weg ein-
geschlagen werden, der uns aus den gewachsenen Strukturen des
Unrechts und der Unterdrückung von Mensch und Natur befreit.
Die Zeichen der Zeit sind unschwer zu erkennen: Bei aller Ungleichheit sind wir eine Schicksalsgemeinschaft, die nur dieses eine
Zuhause hat. Die Wirtschaft muss wieder den Menschen dienen,
der Mensch muss über den Tellerrand hinaus und auf die Folgen
seiner Handlungen blicken und die Natur nicht länger als billig
verfügbaren Rohstofflieferanten behandeln. Die Fakten liegen auf
dem Tisch. Diskutiert werden darf nicht länger die Frage, *ob* wir es
wirklich wagen sollten, sondern *wie* wir es anstellen, aus der Falle
herauszukommen, in der wir stecken, und *wie* wir es schaffen, den
Kräften die Stirn zu bieten, die uns im Status quo gefangen halten
wollen – gesellschaftlich, wirtschaftlich, politisch. Die Krise des
Jahres 2020 bietet die Chance für diesen Neuanfang. Auf zwi-
schenmenschlicher Ebene hat SARS-CoV-2 bereits Spuren hinterlassen, in Form gestiegener Wertschätzung für soziale Berufe und
unterbezahlte, aber eben doch „systemrelevante" Dienstleistungs-
jobs, darüber hinaus ein neues Bewusstsein, wie wichtig Gemeinschaft, Geselligkeit, Kommunikation und Nähe zu und mit unseren
Mitmenschen sind. Es kann sich hierbei nur um wichtige erste
Schritte handeln.

What will you tell your children when they ask you 'What went wrong?'?
How can you paint a picture of a paradise lost
To eyes that know only a wasteland?
How will you justify watching the world die?

The clock is ticking, can't you feel our days are numbered?
Head first into disaster from which there will be no return
With narrow minds we decimate our one true home
Cast into oblivion, judgment is calling

Behold the pale horse
This is the funeral of the Earth

The blind eye can no longer be cast
The clock is ticking, there is no second chance
The blind eye can no longer be cast
There will be no future, if we can't learn from our mistakes

A forced extinction closes out the age of apathy
The final act, sacrifice the world's ecology
The death of beauty, the death of hope
Cast before the throne of avarice, judgment is calling

Behold the pale horse
This is the funeral of the Earth

I can't watch it burn
Behold the pale horse

- ‚Dark Days', Parkway Drive

Danksagungen

Mein Dank gilt an erster Stelle meiner Frau, die für mich die Initiative ergriffen hat, als es um einen Veröffentlichungsweg für dieses Buch ging, mit mir Ideen für die äußere Gestaltung sammelte, viele Detailfragen diskutierte und mich darüber hinaus in meinen Anliegen oft geduldig unterstützt und somit mehr zu diesem Projekt beigetragen hat als ihr vermutlich bewusst ist. Danke für deine Liebe, dein Verständnis, deine Geduld!

Wesentliche Gedanken von „Befreiung" hätte ich so nie zu Papier bringen können ohne die stunden- und nächtelangen Diskussionen mit Andreas Voetter, der mir in vielen philosophischen und theoretischen Fragen zu manch pragmatischem Ansatz verholfen hat. Unersetzlich und prägend auf mich eingewirkt haben vor allen anderen meine Mutter und meine Brüder, in zahllosen Gesprächen, Gedankenaustauschen, durch Buchgeschenke, Zeitschriften, Artikelhinweise, und und und. Meinem Vater verdanke ich wohl eine gewisse kritisch-reflektierte, analytische Herangehensweise sowie die Entschlossenheit, die gesellschaftlichen Baustellen, die ich sehe, mit den mir gegebenen bescheidenen Möglichkeiten anzupacken. Auch erinnere ich mich an ermutigende Gespräche mit meinem Großvater Tamás, zu einer Zeit, als mein eigenes politisches Verständnis und meine Weltanschauung bestenfalls in Grundzügen ausgeprägt waren. Viel Ermutigung und Bestärkung erhalte ich immer wieder von Georg Haubrock: Unsere langen Mailwechsel ermöglichen mir selbst oft erst die kritische Reflexion verschiedenster Themen, und dein Engagement in Kirche und Gesellschaft beeindrucken mich immer wieder. Aufs absolut Wesentliche heruntergebrochen werden meine Gedanken und mein Blick, wenn ich Pastor Guy Rodriguez in Mumbai besuchen kann, der das personifizierte Beispiel von Selbstlosigkeit und Nächstenliebe ist und neben seiner sozialen Arbeit in den Slums (die erfreulich reiche Früchte trägt!) liebevoll und in beispielhaftem Gottvertrauen seine Familie versorgt. Ich kann mir kein größeres Vorbild vorstellen!

Ein großes Dankeschön möchte ich meinen kritischen, gewissenhaften Lektoren Hendrik Stöber und Thomas Heinze aussprechen, ebenso Slawa Dreier, mit dem ich meine kleine Streitschrift in Vorstellung und Diskussion prüfen konnte. Weitere bereichernde Diskussionen und Anregungen verdanke ich Benedikt Bund und Michael Vogler („Du musst ein Buch schreiben!") sowie der beinahe lebenslangen Freundschaft mit Bärbel Entner. Dankbar bin ich auch meinem Stiefvater Jean-Paul, für unsere guten Gespräche und seinen unbeschreiblich ansteckenden Optimismus, und meinem Schwiegervater Jürgen, der mich an Weihnachten 2018 auf das Video von Alexander Gerst aufmerksam machte und damit die Initialzündung für dieses Buch lieferte. Viel Geduld und Kreativität brachten Julien Lefèvre und Christine Siegel bei der Arbeit am Coverartwork auf – herzlichen Dank für eure Unterstützung!

Sehr berührt haben mich die persönlichen Antworten von Hans Küng und Leonardo Boff auf meine Anfragen, sie in meinem Buch zitieren zu dürfen. Auch vom *Forum Ziviler Friedensdienst* wurde ich sehr freundlich unterstützt, als ich kurz vor dem Abschluss meiner Arbeit noch urheberrechtliche Fragen klären musste.

Hilfreich für die Arbeit an „Befreiung" waren neben diversen Buchlektüren die enorm informativen Hintergrundartikel der *Le Monde diplomatique* sowie die vielen Perspektiven und Denkanstöße aus der Zeitschrift *Publik Forum*. Ein großes Dankeschön unbekannterweise möchte ich auch an die Macher der ZDF-Sendung „Die Anstalt" aussprechen, die auf unterhaltsame Weise aufklärerische, eigentlich klassisch journalistische Arbeit betreiben und die deutsche Bevölkerung regelmäßig über die Verwerfungen der Globalisierung sowie die bedenklichen Ausprägungen unserer (Post-) Demokratie informieren. Dankbar bin ich natürlich auch allen anderen Schriftstellern, Musikern, Künstlern, Journalisten und Politikern, die mich über die Jahre inspiriert und zu diesem Projekt motiviert haben.

Mein größter Dank gilt allen Menschen, die sich in unserer Gesellschaft und weltweit für Frieden, Gerechtigkeit und Umweltschutz einsetzen, sich also engagieren für Mitwelt, Umwelt und Nachwelt, ohne dabei den eigenen Vorteil zu suchen. Ihr macht den Unterschied!

Quellenangaben

1. Über dieses Buch

[1]
- https://www.meduniwien.ac.at/web/ueber-uns/news/detailseite/2018/news-im-oktober-2018/erstmals-mikroplastik-im-menschen-nachgewiesen/

[2]
- Elmar Altvater, „Das Erdzeitalter des Kapitals", *Atlas der Globalisierung*
- *Weniger wird mehr,* Le Monde diplomatique/taz Verlags- und Vertriebs GmbH, 2015, Berlin

[3]
- https://www.fr.de/wirtschaft/schmutziges-kobalt-kongo-10972972.html
- https://www.deutschlandfunk.de/lithium-abbau-in-suedamerika-kehrseite-der-energiewende.724.de.html?dram:article_id=447604

[4]
- *Atlas der Globalisierung – Welt in Bewegung,* Le Monde diplomatique/taz Verlags- und Vertriebs GmbH, 2019, Berlin

[5]
- https://www.businessinsider.de/warum-die-deutsche-wirtschaft-bolsonaro-feiert-2019-1?IR=T

2. Schlaglichter und blinde Flecken

[1]
- https://www.youtube.com/watch?v=4UfpkRFPIJk

3. Demaskierung

[1]
- „In der Nähstube der Welt", *Publik Forum 21/2019,* Oberursel

[2]
- https://www.tagesspiegel.de/wirtschaft/mercosur-abkommen-ttip-und-co-wie-die-eu-um-die-zukunft-des-freien-handels-ringt/24964624.html
- https://www.zeit.de/wirtschaft/2017-10/freihandelsabkommen-nafta-usa-kanada-kritik-schaden

[3]
- http://www.berliner-griechenlandhilfe.de/warum-ist-das-griechische-gesundheitssystem-zusammengebrochen/
- https://www.zeit.de/wirtschaft/2016-07/griechenland-arbeitslosigkeit-finanzkrise-sparpolitik-eu
- https://www.spiegel.de/wirtschaft/soziales/griechenland-hilfsmilliarden-retteten-vor-allem-banken-a-1090710.html
- https://oxiblog.de/es-ging-niemals-um-die-rettung-griechenlands-es-ging-immer-um-die-rettung-bestimmter-europaeischer-banken/

[4]
- https://www.deutschlandfunk.de/die-drei-bis-fuenf-prozent-veraenderer-in-der-gesellschaft.1310.de.html?dram:article_id=248108

4. Standortbestimmung

[1]
- https://de.statista.com/statistik/daten/studie/384680/umfrage/verteilung-des-reichtums-auf-der-welt/

[2]
- https://www.capital.de/wirtschaft-politik/diese-politiker-arbeiten-heute-in-der-wirtschaft

[3]
- https://www.gdrc.org/sustdev/husec/Definitions.pdf

[4]
- „Totes Land", Robert B. Fishman, *forumZFD,* Ausgabe 04/2019, Köln

[5]
- https://www.ekiba.de/html/content/szenario_sicherheit_neu_denken.html

[6]
- *Greenpeace Nachrichten*, 04/2019, Hamburg

[7]
- https://www.sos-kinderdoerfer.de/informieren/aktuelles/news/geburtenrate-afrika
- https://www.berlin-insttut.org/fileadmin/user_upload/Afrika/Grafiken_Studie_Afrika.pdf

[8]
- „PKS 2018 Kompakt – Gewaltkriminalität"
https://www.bka.de/DE/AktuelleInformationen/StatistikenLagebilder/Polizeiliche Kriminalstatistik/PKS2018/pks2018_node.html;jsessionid=4275111CFA10D818 8949FCF90D8C6AF7.live2291

[9]
- https://www.ndr.de/themenwoche/gerechtigkeit/Kinderarmut-in-Deutschland-Statistik-und-Ursachen,kinderarmut396.html

[10]
- https://de.wikipedia.org/wiki/Mont_P%C3%A8lerin_Society

[11]
- https://www.heise.de/tp/news/Realsatiriker-Josef-Joffe-und-Jochen-Bittner-scheitern-auch-am-BGH-3592877.html

5. Die große Frage

[1]
- „Die Flüchtlinge und der Barmherzige Samariter", Tobias Hack, *Stimmen der Zeit 01/2018,* Berlin

[2]
- https://www.tagesspiegel.de/politik/die-unvernunft-des-einzelnen-wir-alltagsidioten/25367684.html?utm_source=pocket-newtab

[3]
- Diplomarbeit Frank Epple, Universität Wien: „Die Befreiungsphilosophie Enrique Dussels und die zapatistische Bewegung Mexikos. Von gegenseitigen Einflüssen im Denken und Handeln."

6. Kirche und ihre besondere Verantwortung

[1]
- „Dietrich Bonhoeffer", Ferdinand Schlingensiepen, dtv, 2005, München

[2]
- „Pause vom Konsum", *Impulse 01/2019*, Campus für Christus e.V., Gießen

[3]
- „Werkbuch Theologie der Befreiung", Patmos Verlag, 1988, Düsseldorf

[4]
- „Ich habe einen Traum", *Martin Luther King – Ein Lesebuch*, Patmos Verlag, 2018, Ostfildern

7. Gelebte Utopie

[1]
- https://www.defacto.expert/2015/12/23/der-erfolgreiche-widerstand-ist-gewaltfrei/

[2]
- „Ich habe einen Traum", *Martin Luther King – Ein Lesebuch*, Patmos Verlag, 2018, Ostfildern

[3]
- „Uran Atlas – Daten und Fakten über den Rohstoff des Atomzeitalters"
https://www.bund.net/service/publikationen/detail/publication/uranatlas-2019/

8. Anpacken

[1]
- „Sie schotten sich immer weiter ab", Interview mit Michael Hartmann, *Publik Forum 05/2019*, Oberursel

[2]
- Facing Finance, „Dirty Profits 5 – Unser Wohlstand auf Kosten von Mensch und Umwelt?" http://www.facing-finance.org/de/publications/dirty-profits-1-6/

[3]
- Facing Finance, „Dirty Profits – Unser Geld für Rüstungsexporte in Kriegs- und Krisengebiete" http://www.facing-finance.org/de/publications/dirty-profits-1-6/

[4]
- https://www.umweltbundesamt.de/themen/verkehr-laerm-/emissionsstandards/seeschiffe-luftschadstoffe-energieeffizienz#textpart-6

[5]
- http://www.kommunal-erneuerbar.de/de/startseite.html

[6]
- https://www.waz-online.de/Nachrichten/Digital/Energieverbrauch-Ist-das-Internet-ein-Klimakiller
- https://www.eon.de/de/eonerleben/warum-der-stromverbrauch-im-internet-die-umwelt-genauso-belastet-wie-der-weltweite-flugverkehr.html

[7]
- https://perspective-daily.de/article/1003/wO1POPNB

[8]
- https://www.economy4mankind.org/demokratie/

Nachwort

[1]
- „Woher kommt das Coronavirus", *Le Monde diplomatique*, März 2020
[2]
- https://www.dw.com/de/wie-die-coronavirus-pandemie-mit-der-zerst%C3%B6rung-von-tier-und-pflanzenwelt-zusammenh%C3%A4ngt/a-53080604

Zeitfracht Medien GmbH
Ferdinand-Jühlke-Straße 7
99095 Erfurt, Deutschland
produktsicherheit@kolibri360.de